讓你愛不釋手的

極簡中國史

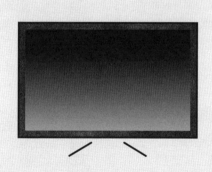

磨劍 著

中華書局

前言

　　作者用大量鮮活的圖片和輕鬆的文字，搭建起一條中國歷史的畫廊。漫步其間，我們從三皇五帝開始，走過古風古韻的夏商周三代，進入群雄並起、百家爭鳴的春秋戰國，迎來混一六合的鐵血帝王 —— 秦始皇。劉邦以他的「無賴精神」終結了秦末亂世，建立了大漢帝國，帝國沒落之後，是三國兩晉南北朝長達四百年的亂世。隋唐終結了亂世，但盛唐氣象日薄西山之後，又是一個亂上加亂的亂世 —— 五代十國。繼之而起的是文質彬彬的宋朝，在虎視眈眈的遼、金、西夏的困擾中，兩宋苦撐了三百年，被橫掃世界的蒙古鐵騎滅亡。成吉思汗的黃金家族被乞丐皇帝朱元璋逐出了中原，而明王朝在李闖王和八旗兵的內外夾擊下，嚥下了最後一口氣。最後一個封建王朝經過了繁花似錦的康乾盛世，也開始沒落，終於在辛亥革命的一聲炮響中煙消雲散。

　　這本圖文並茂的中國史讀來詼諧有趣，一氣呵成。對歷史感興趣的人很多，但能夠拿出足夠的時間和精力深入鑽研歷史的人很少。要想藉讀史來打發閒暇時光，從歷史中獲得智慧和啟發，這樣的通俗讀物再適合不過了。如果把卷帙浩繁的歷史著作比喻

成大餐，這本書就像一道爽口開胃的小菜。現在喜歡吃大魚大肉的人越來越少，青睞這類清淡小菜的人越來越多。小菜不能小看，要想做出醇正的味道來，需要真功夫。歷史讀物要寫得通俗生動、深入淺出，也是要一番功力的。

把漫長的中國古代史濃縮到一本書裏，面面俱到是不可能的，作者在切入點的選擇上煞費苦心。書中既有決定歷史走向的關鍵人物和事件，為我們鋪設了一條中國歷史的主幹道，又有一些耐人尋味的花邊人物和故事，就像主幹道旁邊的林蔭小路。

這本書可以放在牀頭，也可以帶在公事包裏，入睡前看幾頁，地鐵上讀幾頁，既打發了無聊的時光，又增長了自己的見識，一舉兩得，何樂不為！

目錄

目錄

目錄

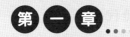

第一章

遠古歲月，
夢回三代

我們都聽說過伏羲創八卦，聽說過女媧補天，聽說過黃帝大戰蚩尤，但是沒有人知道在中國歷史上這些人是不是真的存在，或者僅僅是一種傳說。所以，這個時代被稱為「傳說時代」。緊隨其後的是夏商周三個古老的王朝，我們的文明在繈褓中發育，回到「三代」，一切都是那麼古色古香。

神祕的三皇

　　中國是世界四大文明古國之一，也是人類起源最早的地區之一。中國有着自己獨特的上古創世神話，最為普遍的一種說法是盤古創世、女媧造人。直到公元前三千年左右，中國文明初起，出現了三皇五帝的傳說。

　　三皇的說法有很多，一般認為三皇是伏羲、女媧、神農。

　　傳說伏羲是一個非常聰明的人，他教人們用火烹飪，從此大家告別茹毛飲血的生活，開始研究廚藝；伏羲還教人們從事漁獵畜牧，制定了最原始的「婚姻」制度，規定男女雙方必須通過結婚儀式才能生孩子，並且男女必須固定自己的配偶；伏羲還製造了中國最早的計數文字 —— 八卦，同時設立官員，管理百姓。官員的衣服上必須有一條龍，用來顯示身份的尊貴，龍很可能是當時的一種動物，後來滅絕了。以此看來，伏羲確實可以看作是開啟華夏文明的人。

　　我們常說偉大的男人背後都有一個偉大的女性，伏羲也是這樣，站在他身後一直給力的是女媧，女媧確實非常給力，她不光是伏羲的妹妹，還是伏羲的老婆，無論事業家庭都無條件地支持伏羲。相傳女媧是一位漂亮的女神，身材非常苗條，所以後人都傳說她是人面蛇身。女媧先是發明了一種叫笙簧的樂器，這個樂器能發出悅耳動聽的聲音，使人與人之間的關係更為和睦，使男女之間的戀情更為多彩。女媧不光是一個發明家，還是一個化學家，她特別喜歡煉五色石，後來還用這種石頭補天，《紅樓夢》

借用這個神話，説最後還剩下一個，變成了賈寶玉。

相傳當時的兩位英雄 —— 共工與祝融在不周山決鬥，兩人打得難捨難分，最終祝融技高一籌，打敗共工。共工惱羞成怒，一頭撞上了不周山。不周山是天地間的主要支柱，被共工這麼一撞，頓時斷成了兩截，天空破開一個大洞，整個天地間狂風驟起，人類面臨着一場浩劫。

善良的女媧不忍看到百姓遭難，她命一隻萬年的巨龜用四隻腳撐住天地，然後親自採取山上的五色石淬煉，將天空補好，又用蘆葦草灰將天上傾瀉下來的洪水吸乾，而蘆葦草灰所覆蓋的這片土地便是後來的中原地區，平坦又肥沃。

神農嚐百草的傳説可以説是家喻戶曉，他是中國古代農耕醫藥的發明者。相傳古代的人不知道什麼能吃，什麼不能吃，得了病該如何醫治。沒有醫療保障的生活肯定是不幸福的，這個重擔落到神農氏頭上。為了人民的幸福，為了醫學事業的發達，神農氏甘冒奇險，到深山野嶺中搜羅奇花異草，然後試驗它們的藥性。為此，神農氏好幾次差點丟了性命。除了從事中藥研究之外，神農氏還創造了五弦瑟，教人類蠟祭（一種祭歌），建立交易市場等，也是個百科全書式的人才。

三皇時代還留有原始社會的烙印，神話固然美麗，但是從中我們不難看出當時生存的艱難。

女媧與伏羲

禪讓傳說

五帝分別指的是黃帝、顓頊、帝嚳、堯和舜。

公元前二十七世紀，黃河中下游、汾水下游附近，居住着一萬多個大大小小的部落，其中比較大的有陳丘（河南淮陽）的神農部落，涿鹿（山西運城）的九黎部落以及有熊（河南新鄭）的有熊部落。

黃帝姬軒轅就是這有熊部落的酋長，傳說姬軒轅從小就非常聰明，長大之後智慧超群、法力無邊。神農部落的首領是炎帝，早期炎帝為了與九黎部落的酋長蚩尤爭奪黃河下游的地區，雙方大打出手，最終炎帝敗北，向北方逃竄。傳說蚩尤勇猛無比，善於打造奇門兵器，而且法術也相當強悍，施起法來可以抵擋千軍萬馬。他只要一張口，就能噴出滾滾濃霧，持續三天不散。敵人的軍隊深陷其中，就會迷失方向。

炎帝失敗之後，向黃帝求援，雙方結成了聯盟，共同討伐蚩尤。相傳黃帝與蚩尤打了三年，沒有分出勝負，於是便休戰，發展生產，教化人民。在這個過程中，黃帝廣積糧，吞併周圍的小部落，然後將這些吞併來的部落排成不同的方陣，分別打出熊、羆、貔、貅、虎等圖案的旗幟，用來統一號令，這招頗類似於努爾哈赤的八旗制度，只不過黃帝用的不是顏色，而是各個部落的圖騰。

最後黃帝和蚩尤在原野上決戰，為了破蚩尤的迷霧陣，黃帝鑽研了很長時間，發明了指南車。這種車子可以在大霧中辨別

方向。蚩尤見一計不成，又生一計，他唸咒語，向風神、雨神求援。風神、雨神立刻作出回應 —— 看來蚩尤挺會搞關係，跟風神和雨神的關係都挺好。就這樣，黃帝的軍隊陷入了狂風暴雨之中。黃帝一看，再這樣下去，軍隊就完蛋了，趕緊也閉起眼，開始施法，召喚了女鬼旱魃。旱魃是個僵屍女王，修煉了近千年，她最擅長的事情就是製造旱災。總之，搞得民不聊生，她的能力就顯現出來了。這個旱魃還可以在空中飛行，只要她經過的地方，定然是一滴雨也見不着，接着大旱三年，遍地焦土。

招這麼一個瘟神來，固然讓人們產生一些想法，但只要旱魃能打敗蚩尤，黃帝覺得付出任何代價都是值得的。旱魃前來助陣後，風神、雨神看到飄在半空中的旱魃，頓時逃得無影無蹤，於是風雨消散。黃帝趁機反擊，一鼓作氣，將蚩尤斬殺。蚩尤的部族見首領被殺死，便向南逃竄，躲進了如今貴州一帶的萬山之中，據說現在的苗民就是他們的後裔。

蚩尤死後，黃帝名聲大噪，其他部族紛紛前來投靠，稱其為「黃帝」。「帝」的意思在古代跟「氏」一樣，都是表示神祇。黃帝在五行之中屬土，土德在五行中位列中央，黃帝即是中央之帝。

炎帝見黃帝的勢力越來越大，心中自然不服氣，於是便率兵來攻，黃帝也不避戰，在阪泉之野與炎帝展開決戰。雙方經過一番激烈的爭鬥之後，黃帝最終以絕對的優勢贏得了勝利，也贏得了天下。黃帝成為天下共主之後，開始設置中央官員的職位，教人民建造房屋，用獸皮做衣裳；同時改進車船，創造新的武器和陣法；研究音樂，制定土地制度等。此外，黃帝還命倉頡造字，隸首發明算術，容成發明曆法等。

相傳黃帝活了一百多歲，死後安葬在橋山（如今的陝西黃陵）。

顓頊是黃帝的孫子，是五帝中的第二帝，以水德為帝，北方屬水，為陰，故稱玄帝。玄帝基本是按照黃帝規劃的路線走，雖然沒什麼突出政績，好歹國泰民安、政權穩定。他在位時做的最有意思的一件事，就是命令女人在路上遇到男人，要服服帖帖地站在路邊，等男人過去了，女人才能再走動，否則發配蠻荒。

顓頊活到九十八歲，在位七十九年，死後葬於濮陽。

帝嚳是五帝中的第三帝，顓頊的兒子，一生中也沒有什麼重大的作為，倒是他生的兒子，對後世影響頗大。有關古籍記載說，帝嚳一生有四個妻子，這四個妻子生的兒子都是真命天子，姜嫄生了周先祖后稷，簡狄生了商先祖契，慶都生了五帝中的第四帝堯，常儀生了帝摯。

帝嚳死後，他的兒子摯繼位，相傳此人是中國歷史上第一個暴君，其人荒淫無道，自然不會被列入五帝之中，上臺沒多久便在一場政變中被殺。

帝摯死後，他的哥哥帝堯上臺。也有一種說法，說帝堯十三歲便受命輔佐弟弟帝摯，因為帝摯資質平庸，朝政混亂，而帝堯能力突出，明察秋毫，最後帝摯深感

堯

慚愧，便禪位給了帝堯。這樣的說法多多少少帶有後世人們美好的願望在裏面，但是真相早已淹沒在歷史的長河中。

帝堯是五帝中的第四帝，尚火，稱赤帝。傳說這個帝堯勤政愛民，是個仁君，但是換個角度來看，帝堯除了心腸好，為人善良，勤儉節約，也沒有特別大的作為。但他之所以被稱為上古明君，還是做了一些實事的。傳說，他讓人測定日月的位置，據此制定了太陰曆法，計算出一年有三百六十五天，創立了閏月這個概念。

帝堯在位期間，發生了一件非常可怕的事情：大洪水。這次洪水可不是一般的大，幾乎淹沒了整個中原大地。帝堯自己不會治水，派遣了當時很有名氣的水利專家姒鯀治水。可惜專家有時候也不管用，姒鯀採用堵的方式治水，結果洪水是越堵越大。事已至此，帝堯也沒有辦法，只能聽憑洪水自己消長。

後來有人向帝堯推薦姚重華，說這個人賢明，帝堯早就聽說過這個人，他覺得自己命也不久矣，兒子丹朱又不成器，該找一個眾望所歸，又心懷天下的人來治理天下。這姚重華是否堪當大任，帝堯決定試試他。

帝堯先是將姚重華找來，詢問了一些治國的問題，姚重華的回答讓帝堯很滿意。帝堯便將自己的兩個女兒娥皇、女英都嫁給了姚重華，還賞賜了很多衣服、琴、牛羊，為其修建了宮殿。相傳這個姚重華非常孝順，他的父親、後媽、弟弟都看他不順眼，想要殺死他。姚重華儘量避免做錯事，如果犯了錯誤，他甘願受罰，如果父親和弟弟要殺死自己，他也不反抗，只是跑得遠遠地躲起來。

姚重華得到賞賜之後，父親瞽叟和弟弟象很嫉妒，便預謀

殺掉他，奪走他的賞賜。他們看到姚重華在糧倉頂上塗泥，便將梯子悄悄地撤走，然後在屋子下面放火，以為姚重華必死無疑。怎料姚重華急中生智，把兩個斗笠綁在手上當翅膀，像隻小鳥一樣從房頂一躍而下。瞽叟和象計劃失敗後很不甘心，他們又想出了一個鬼點子，讓姚重華去挖井，等姚重華下井之後便用土和石塊將井迅速填埋，然後高高興興地回家分贓。就在父子倆爭執琴歸誰，娥皇、女英又歸誰的時候，突然見到姚重華又站在他們面前，兩人大吃一驚，原來姚重華早就在井底挖了一條密道，以防不測……

帝堯聽說這些事之後大為感動，覺得姚重華不但品德高尚，而且智謀和心機都很深，適合做國家領導人。就這樣，帝堯安排姚重華處理政務，最後看姚重華處理政事遊刃有餘，帝堯便將天子之位禪讓給了姚重華，他便是五帝中的最後一位 —— 虞舜。

傳說虞舜是重瞳，故稱重華。帝堯禪讓之初，舜百般推辭，覺得自己能力有限，後來覺得再推辭就駁了帝堯的面子了，於是很不情願地上位。等到帝堯死後三年孝期一過，舜便將帝位還給帝堯的兒子丹朱，自己跑到南河以南的荒野隱居。怎料天下人根本就不買丹朱的賬，紛紛跑來向舜朝覲，最終舜感歎道：「這乃天意啊！」遂回到國都，正式登上天子之位。

水利專家的王朝

帝堯在位的時候，始終被洪水問題困擾。有一次，他讓舜去羽山調查治水的事情。當舜發現姒鯀是用「堵」的方法來治水時，很是氣憤，為了平息眾怒，處死了還在兢兢業業治水的姒鯀。

姒鯀死後，治水這個擔子一時無人能勝任，無奈之下，舜只好讓姒鯀的兒子姒文命繼續治水，這姒文命便是後世夏王朝的開國君主 —— 禹帝！

舜還對禹說：「治水之福，功在千秋，你要盡快完成啊！」

面對處死自己父親的舜，我們無從知道禹是什麼樣的心態，總之禹受命之後非常認真地去完成他的任務。他總結了父親鯀治水失敗的原因，提出了自己的治水理念，那就是疏導為主，將洪水順勢從高處往低處導引，最後匯入大海。

他親自翻山越嶺，走遍名山大川，手上時刻拿着準繩和規矩，遇山開山，遇到窪地就建大壩。相傳當時禹為了治水，曾三次路過家門口，聽到自己的妻子在生孩子，一咬牙過去了；聽見自己孩子的咿呀學語聲，一咬牙也過去了。就憑藉這股幹勁，大禹最終治水成功，聲望甚至蓋過舜帝。

禹治水期間，足跡遍佈天下，對各地的地形、人文、物產都有深入的了解，並且根據當時的實際情況，將天下重新劃分為冀州、兗州、青州、徐州、豫州、雍州、梁州、揚州、荊州九州。這是中國歷史上最早的地理區域行政劃分，九州的州名一直沿用

至今，只不過現在這些州名所對應的區域越來越小，有的變成了一個城市。

為了治水，禹搞過一個在當時頗為宏大的開山工程 —— 鑿通龍門，就是將今天山西省河津市跟陝西省韓城市之間的黃河峽谷鑿通，使黃河水能從中通過。

禹治水成功之後，舜在一次祭祀活動上大大地賞賜了禹，將一塊黑色的玉圭賞給了他，並向萬民宣告了禹的功德。其後不久，舜又封禹為伯（古代的爵位），將夏（河南的禹地）賜給了禹作為封地，禹的聲望一舉達到了頂峰。

萬民都歌頌禹說：「如果沒有禹啊！我們都已經成為魚鱉了！」

舜也由衷地讚歎禹說：「禹啊禹，你是我不可或缺的左右手！我想造福萬民，你輔佐我；我想搞天文星象、文繡服飾，你諫明我；我想弘揚五德之美，聽萬民的心聲，你幫助我。你從來不在背後誹謗我，你用最真摯的一面與人交往，現在朝中都以你為榜樣，再也沒有思想淫邪的小人，你發揚了我的聖德，功在千秋啊！」

舜在位三十三年之後，將帝位傳給了大禹。相傳當時舜恰逢一百歲，傳位之後便一個人深入蠻荒，跑到了南方一千公里外的九嶷山（在湖南西南部），並死在那裏。舜三年的喪期結束之後，禹又將帝位讓給了舜的兒子商均，自己在陽城隱居。

但是天下諸侯根本不買賬，也不去朝覲商均，反而都去朝覲陽城的禹，無奈之下，禹只能登上帝位。禹定都安邑（山西夏縣），定國號為夏，決定好好治理國家。他改定曆法，收取天下的銅鑄造了九尊寶鼎，象徵九州大同，天下一統。

禹繼位之後，勤政愛民，惜才如命，同時在政治上又非常強硬。為了萬民的利益，禹廣泛聽取民眾建議，四處求訪賢才。有故事說，禹有一次吃飯，曾三次放下飯碗；有一次洗頭，曾三次提起濕髮，都是為了去接見賢士。但有一次召開各地諸侯的大會，防風部落（太湖流域）的首領因為來得太遲，禹二話不說便將其處死了，這便是其政治手段強勢的一面吧。

當然，禹不是那種嗜殺如命的暴君，相反，他是一位洞察力敏銳的明君。相傳酒的發明者儀狄造酒成功之後，便讓禹品嚐，禹嚐過之後，大讚酒甘醇味美，但是卻出人意料地給儀狄下了命令，必須停止造酒，否則後世必定會因為酒而亡國。在後世的歷史上，很多王朝都應驗了禹的預言，包括他自己開創的夏王朝。

相傳禹在第十次南巡的時候，快要過江之時，一條大黃龍緩緩游來，將大船拱起，船上的人都害怕萬分。只見禹仰天長歎道：「我受命於天，死後必定要重回天界，大家何必為了一條龍而害怕呢？」說來也奇怪，龍聽到禹的一番話，瞬間便消失在眾人的視線之中。禹回到了塗山，消息傳出後，天下來朝覲的諸侯更多了。

禹臨死之前，將帝位傳給了伯益，怎料伯益從政時間過短，威望根本不足以讓天下諸侯前來臣服，諸侯們都前去朝覲禹的兒子啟。

夏朝青銅器

　　無奈，伯益只能讓位給啟，啟上位之後，稱夏王，從他這一代開始，王位都是傳給兒子或者弟弟，這種現象便是人們所說的「家天下」。

　　夏朝從禹開始算起，一共傳了十四代，出了十七個王，傳承了四百多年，最終為商湯所滅。

商湯滅夏

夏朝的最後一位夏王名桀，相傳其人文武雙全，力大過人，赤手空拳可以打死老虎，還能將鐵鈎憑空拉直。當然這些傳說不足為信，很大一部分是後人以訛傳訛，因為夏朝那時候還沒有煉鐵的技術，更不可能出現什麼鐵鈎。

只是桀並沒有將心思放在治國上面，他所有的聰明才智都用在了享樂、折磨人方面。桀奢侈無度，將皇宮建造得無比豪華，皇宮之中純金製作的柱子就有九個。當時他還發明了一種在他看來觀賞性極強的刑罰，那便是早期的「炮烙」。

他命人將銅柱橫放，下面放上燃燒的木炭，令赤足的犯人在銅柱上行走，犯人要忍受銅柱的熱度，還要小心翼翼地行走，稍有不慎便會掉在銅柱下方的火炭之上，活活被烤死。而桀卻恰恰喜歡看犯人掉在木炭上掙扎哀嚎的樣子。

桀問大臣關龍逢，看了開不開心，關龍逢回答說：「看他們走在這銅柱之上，就跟春天裏走在薄冰之上一樣危險！」桀聽到這樣的回答，冷聲道：「你知道別人危險，卻不知道你自己也危在眼前了吧！」遂下令用炮烙處死關龍逢，而這可憐的關龍逢就成了歷史上第一個因進忠言被處死的高級知識份子。

桀的妻子叫妺喜，傳聞這個女子很喜歡聽綢緞撕裂的聲音，於是桀就叫了很多宮女沒事就在宮中撕綢緞。當時的皇宮之中堆滿了肉，還修建了五平方公里的酒池，每當有宴會之時，就見上千人在酒池邊「牛飲」，場面頗為壯觀。桀耽於享樂，完全不問

政務，絲毫不記得當初夏王禹禁酒時所說的話。

這樣的事終於引得當時忠於夏王朝的有莘部落的酋長伊尹的不滿，他警告桀說：「你要是再不改正，就要亡國了！」

桀卻無所謂地說：「你別妖言惑眾，我是人民的王，就跟天空中的太陽一樣，只要太陽在，我便長存！」於是全國的老百姓就爭相喊道：「太陽啊！你就滅亡吧，我們跟你一起滅亡！」

聽到了百姓的呼聲，商部落（山東曹縣）的酋長子天乙便順應民意，聯合了有莘部落的酋長伊尹，於公元前 1766 年起兵討伐桀，最終一直打到都城安邑，俘虜桀，將其流放到南巢（安徽桐城），結束了夏王朝四百多年的統治。

夏王朝覆滅之後，子天乙登上帝位，改國號為商，稱成湯帝，意思就是救人民於水火的君主。在子天乙死後，他的兩個兒子相繼繼位，一切都相安無事。一直到子天乙的孫子，年齡尚幼的子太甲繼位，開朝元老伊尹終於露出他的本來面目，將子太甲流放到了桐邑（河南虞城），自己登上帝位。

有施妹喜

伊尹本以為大局已定，自己的帝位可以安穩地坐下去，怎料到子太甲並非是個庸人。九年之後，成年的子太甲開始

了反擊。他表面上向伊尹示弱，暗中卻在桐邑招兵買馬，收買民心，終於在公元前 1741 年，突襲伊尹的所在地，將其殺死，再次登上帝位。但是礙於當時伊尹的勢力過於強大，只能硬着頭皮任用伊尹的兩個兒子。

當然這個故事還有其他版本，一個流行的說法是：伊尹將太甲流放後，太甲老老實實改過向上，於是過了幾年，賢良的伊尹就將他接回都城，恢復了他的王位。

商王朝繼子太甲之後，很少再有波折，一直平緩安寧地漂泊在歷史的長河之中。

盤庚遷都

商朝傳到第二十代，這一任的商王就是盤庚。

盤庚的父親是商王祖丁，他的兄長帝陽甲去世之後，盤庚便順利登上皇位。商朝從成湯帝開始一直到第九位天子中宗的統治期間，一直都是發展鞏固期。在此之後，商王朝便呈現出「大動亂沒有，小動亂不斷」的混亂局面。

其間國力衰退，黃河下游地區，經常洪水泛濫；皇室大肆興建王宮，富豪爭相攀比，修建私人庭院，生活糜爛至極；諸侯見狀，也不來朝覲天子；農民的土地日益減少，生活難以維持，民間怨聲載道。這樣的社會矛盾讓盤庚清楚地認識到，必須採取適當的措施來拯救自己的國家。

經過仔細分析之後，盤庚總結出，這一切矛盾最根本的源頭就是都城選擇不當，只要將都城搬遷，所有問題便都能迎刃而解。

早在盤庚之前，商朝曾多次遷都，只是到了盤庚的時候，卻遇到前所未有的阻力。早在帝陽甲在位期間，身為大臣的盤庚就有過遷都的想法，他認為這些錯綜複雜的社會矛盾最根本、最輕鬆的解決方法就是遷都。他上位之後，為了挽救王朝的政治危機，重現商王朝昔日的輝煌，遷都的想法更加堅定了。

只是遷都的消息一放出去，舉國上下無論王公貴族還是平民百姓，全部都表示反對。因為一遷都，王公貴族的既得利益定然會受到影響，這自然不是他們想看到的情況；對於百姓來說，安

土重遷的思想嚴重，也不願輕易搬離，無奈之下，盤庚只能苦口婆心地勸導。

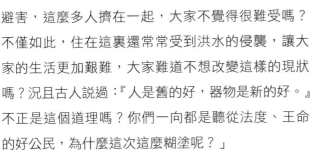

盤庚先是做老百姓的工作，對他們說：「遷都是為了你們的利益，為了趨利避害，這麼多人擠在一起，大家不覺得很難受嗎？不僅如此，住在這裏還常常受到洪水的侵襲，讓大家的生活更加艱難，大家難道不想改變這樣的現狀嗎？況且古人說過：『人是舊的好，器物是新的好。』不正是這個道理嗎？你們一向都是聽從法度、王命的好公民，為什麼這次這麼糊塗呢？」

盤庚見自己一席話說完之後，眾人已經有了觸動，但是礙於背後強硬的貴族勢力，不便有所表示。於是盤庚又找來王公貴族，對他們嚴厲地說：「你們不要為了當前的這些蠅頭小利而去蠱惑百姓，誰要是再去跟百姓胡說八道，我定會嚴懲不貸。你們子孫後代能否繼續享受榮華富貴，就要看你們在這次遷都中的態度了！」

盤庚連哄帶威脅，終於打動了貴族們，讓他們改變立場，支持遷都。準備了一年之後，盤庚在他即位之後第十四年，將國都遷到了殷邑（河南安陽），商朝又開始重新煥發活力。

盤庚這次遷都，對商朝歷史的影響頗大，後來人們也稱商朝為殷朝，甚至合稱為殷商。盤庚還全力推行一些改革措施，關心百姓，勤政無私，王朝逐漸走上復興的道路，天下諸侯又來朝覲了。

盤庚時期都城復原圖

文王韜晦

商朝晚期的時候，處在西方的周國漸漸強大起來。

周國當時的君主叫姬昌，又稱西伯侯。周人的始祖傳說是帝嚳正妃姜嫄的兒子棄，棄是舜時期的一個農師，後來因為教老百姓耕種莊稼有功，被封到了邰（陝西武功西南），其後代在夏商時期不斷地北遷，直到商朝末年，君位傳到了古公亶父時，周人才在峨山南邊的周原（陝西岐山）定居，發展壯大之後稱周。

姬昌是古公亶父的孫子，自小就尊老愛幼，仁義善良，聰慧好學。古公亶父曾撫摸着姬昌的腦袋說：「我家定會在此子身上興盛起來！」姬昌的父親季歷也是一個仁君，廣修道義，發展生產，周逐漸強大。但後來周與商產生矛盾，商王文丁派人殺死了季歷，季歷死後，其子姬昌才繼位。

姬昌繼位之後，遵行爺爺和父親時期的法度，心懷天下，仁慈愛民，同時開始廣納賢才，相傳姬昌為了接待賢士，經常忘了吃飯。就因為這種求賢若渴的姿態，像散宜生、太顛、鬻熊等有才華的人紛紛投靠他。就說這個鬻熊，來投奔姬昌時已經九十歲，姬昌見其老邁，就問：「老先生多大歲數？」鬻熊回道：「您要是讓我去捕虎追鹿，可能我是嫌老了。但是你要是讓我坐着幫你出謀劃策，那我還年紀尚輕。」姬昌聽完後，就讓他參議政事。

姬昌處理政事非常謹慎，絲毫不敢敷衍，總是讓下屬各盡其才，聽從各方的意見，最後總結各方意見做出對大家都有利的決定。所以姬昌治理周國很得人心，後來擔任商朝的三公，在諸侯

中的口碑也很好。

但是人一旦優秀總會遭人誹謗，為人妒忌。當時的商王是歷史上有名的昏君殷紂王。就因為姬昌感慨紂王殺戮成性，歎了一口氣，被紂王的耳目崇侯虎聽到了，崇侯虎便去紂王那告密，說道：「這個西伯侯姬昌有勇有謀，諸侯擁護，並且太子姬發勇敢，善於籠絡人才，他的第四子生活儉樸，又善於分析天下形勢，這些對大王您都是潛在的威脅啊！」

周文王塑像

紂王聽後，覺得很有道理，便將西伯侯囚禁在羑里的監獄之中。姬昌在獄中一關就是七年，常常發出感慨，暗歎紂王無道，後來又在獄中潛心研究古易，推演出了《周易》。許多愛戴姬昌的諸侯在紂王面前為姬昌求情，紂王不理會，反而讓那些諸侯收拾一下東西，一起陪姬昌坐牢。

國不可一日無君，姬昌身陷牢獄之後，散宜生等人為了營救姬昌，開始四處奔波。他們找到了隱士呂尚，商討之後，求來有莘氏之女以及其他的各種珠寶，先是買通了紂王身邊的大紅人費仲，通過他將女人和珠寶送給紂王。紂王收到禮物後，高興道：「其實只要這個女人，就可以把西伯侯贖走了。一切都只是個誤會，寡人當初不該聽信崇侯虎的讒言……」

還有一種說法是，紂王將姬昌的兒子姬考殺

死，做成肉羹給姬昌吃，用來測試姬昌是不是真的那麼賢明。姬昌為了大業，只能隱忍吃下肉羹，紂王見後，得意道：「誰說姬昌聖賢，他連自己兒子的肉都吃！」隨後便放了姬昌。總之姬昌不但被釋放，還得到了紂王很多賞賜。姬昌請求說，願意獻上洛西的土地，請殷紂王廢除炮烙這個刑罰，紂王不假思索便答應了。

前文中提到呂尚，有必要詳細地說一下。呂尚又名姜子牙，傳說是炎帝的後代，至於他是如何成為周朝的臣子，歷史上眾說紛紜。有的說姜子牙博學多才，先是在紂王手下任職，但是感到紂王昏庸無道，便離開紂王，去各方諸侯處游說，但是沒有人理睬他，他最後才歸附西伯侯。還有一種說法便是「姜太公釣魚，願者上鉤」的典故。

相傳姜子牙原來在朝歌是個以宰牛為生的屠夫，步入老年後感覺一生庸碌，很想有所作為，便想出直鉤釣魚吸引姬昌注意，整日在渭水北面坐着。後來姬昌出去打獵，請人占卜，那人道：「您這次出行定能得到完成霸業的將才！」姬昌出行後，果然遇上了姜子牙，與之交談，發現他談吐非凡，見識廣闊，便稱其為「太公望」，將其帶回封國，拜為國師。

姬昌被放回封國之後，表面上裝出很荒淫的樣子，暗中積極準備，招攬賢士，善待百姓，很快便又贏得了許多諸侯的歸附。姬昌順應天命，被大家擁戴為王，後世稱周文王。

為了贏得更大的威望，擴大勢力，盡早推翻商紂王的暴政，周文王先是征討西方的犬戎，然後聽從呂尚的諫言，討伐密須（甘肅靈臺）。出兵密須時，密須人早就聽聞周文王賢德，自行將君主捆綁出來，獻給文王。

其後，周又打敗過廣黎國（山西黎城），接着討伐了民邘國（河南沁陽），並着手征討商在西方最強大的盟邦崇國（陝西戶縣東）。崇國的首領便是之前害周文王入獄的崇侯虎。只是第一次討伐並不是很順利，打了三年都沒能分出勝負，於是文王退兵回國，修行德政，發展經濟，為第二次征討奠定基礎。第二次出征，果然打敗了崇國。

為了更好發展，周文王將都城遷到了豐邑（陝西豐水西岸）。此時周的勢力已經比商還要強大，天下土地三分佔了兩分。但是周文王表面上還是臣服於商朝，時不時還與那些準備反叛商朝的諸侯一起去朝覲紂王。

遷都第二年，周文王病逝，一共活了九十七歲。周文王在臨死前曾對兒子姬發說：「行善不能懈怠，機遇來了不能猶豫，改正過錯並不可怕，這三點，治國之重！」後來這三句話便成了武王姬發一生信守的箴言。

武王滅商

　　商朝末年最後的天子是殷紂王，又稱帝辛。傳聞帝辛身材高大，長相英俊，最重要的是他聰慧過人，很多東西他看一眼就懂，稍加學習就能舉一反三，並且能言善辯，很得其父帝乙的喜歡。而且帝辛天生神力，徒手可以跟野獸搏鬥。有一次宮中的柱子壞了一根，他竟能用手將屋樑托起，叫人換了舊的柱子。

　　也正是因為紂王的聰明，才為商朝的覆滅埋下了伏筆。商王朝從第二十四位天子祖甲開始，漸漸呈現出了衰敗之象。在之後的日子裏，社會矛盾日益加深，階級之間的鬥爭日益激烈。到了殷紂王這一代時，各方面的矛盾越發激化，他自認聰明無比，天下誰也不及自己，剛愎自用，荒淫無度。

　　紂王很在意物質生活，吃飯用的是象牙筷子，喝水用的是玉質杯子，等他繼位之後，開始將都城擴大到沫邑，改稱朝歌。他還將皇宮擴大到百里，修了很多離宮別館。

　　後來紂王討伐有蘇氏，有蘇氏不敵，首領便將女兒蘇妲己獻給了紂王，紂王見到蘇妲己之後，神魂顛倒，沉淪在溫柔鄉中不可自拔。蘇妲己説什麼紂王就做什麼。紅顏禍水的説法就是這麼來的，蘇妲己的出現加速了商朝的滅亡。

　　為了取悦蘇妲己，紂王花了七年的時間讓人在朝歌城裏修建了一座周長三里、高千尺的高臺，用玉石做門，瓊玉為牆壁，稱之為鹿臺。為了完成這項工程，紂王不惜加重賦税，搜刮百姓。紂王將金銀珠寶全都堆砌在鹿臺裏；之後又修建了一個巨大的

糧倉，將所有搜刮來的糧食都埋在裏面，稱矩橋；還在王宮的林苑裏飼養了許多珍禽異獸，並用活人餵牠們。

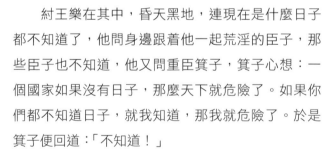

商紂王與妲己

紂王的糜爛何止於此，他還在王宮裏懸掛上很多豬肉、羊肉，稱為肉林；又模仿夏桀，修建了一個可以行船的池子，倒滿了美酒，稱為酒池；邊上酒糟堆成的山丘稱為糟丘。弄好這一切之後，紂王、蘇妲己便帶着貴族、朝臣整日在其中玩樂，將一百二十天當成一夜來過，眾人先在酒池喝酒，醉了之後便就地而眠。醒來後不問男女，全部脫得精光，在肉林裏追逐嬉戲。有的人喝醉之後，便騎着馬繞着糟丘狂奔。有的更為惡劣，直接用繩子拴住宮女的脖子，將其拖到酒池之中淹死。

紂王樂在其中，昏天黑地，連現在是什麼日子都不知道了，他問身邊跟着他一起荒淫的臣子，那些臣子也不知道，他又問重臣箕子，箕子心想：一個國家如果沒有日子，那麼天下就危險了。如果你們都不知道日子，就我知道，那我就危險了。於是箕子便回道：「不知道！」

紂王的荒淫無道很快就惹得天下百姓怨聲載道，百姓開始流亡，諸侯開始叛亂。國家進入了高危時期，紂王非但沒有檢討自己的行為，反而想用暴力進行鎮壓。他將夏桀的炮烙之刑加以改進，在

一個銅柱子裏放上燒紅的木炭，再在銅柱上塗滿油，誰要是惹他不高興了，他就將那人綁在銅柱之上，活活烤死。

當時姬昌、九侯和鄂侯是朝中的三公，九侯的女兒也跟蘇妲己一樣，十分漂亮，殷紂王見後，大為讚歎，將其納為妃子。只是這女子很是賢慧正直，她看不慣宮中荒淫無恥的生活，於是勸諫紂王。紂王不僅不聽，還將她殺死，並將她的父親九侯剁成肉泥。鄂侯看了心中不平，爭辯了幾句，也被殺死，紂王將他的肉切下來，做成了肉脯。姬昌聽了之後，只能搖頭歎氣，怎料就因為這一歎氣，姬昌在監獄裏蹲了七年。

三公死的死，囚的囚，紂王先是提拔了專愛溜鬚拍馬的費仲主持朝政，但是眾人不服。無奈之下，殷紂王只好又提拔喜歡進讒言、誹謗別人的惡來主持政務，惡來掌權之後，諸侯更加提心吊膽，都開始疏遠紂王。

姬昌被周人迎回去之後，韜光養晦，暗中積蓄力量。經過多年的東征西討，擴大了周國的勢力範圍，很多被紂王迫害的諸侯紛紛投奔到姬昌旗下。大臣祖伊便告誡紂王，說：「您現在的所作所為盡失民心，百姓都盼望大王你滅亡！」紂王卻自信滿滿地說：「我能活多久是天命，哪裏容得他們胡說八道。」祖伊見勸誡無效，也反叛了紂王。

自此之後，紂王更加肆無忌憚，其叔比干對姪兒的昏庸再也看不下去，冒死諫言，而紂王卻道：「我聽說聖人的心有七個孔，你既然想做聖人，那就讓我看看你的心如何？」然後命人將比干的胸膛剖開，取出其心臟。

紂王做了這麼多傷天害理的事，終於激怒了天下諸侯。西伯侯在羽翼豐滿之後，準備揮師朝歌，一舉滅商，怎料戰前突然病

逝，其子姬發繼位。在諸侯的擁護之下，姬發興兵伐紂。紂王得知這個消息，御駕親征，兩軍在牧野（河南衛輝）交戰，姬發兵力僅有四萬五千人，紂王兵力多達十七萬人，從兵力上講，紂王佔據着絕對優勢。但是紂王不得人心，士兵不願意為他賣命，一開戰紂王軍隊便開始潰敗，逃的逃，降的降，最終紂王大敗，逃回宮殿後在鹿臺縱火自焚。

姬發的軍隊攻進朝歌之後，在鹿臺上找到了紂王燒焦的屍體，他先是向屍體射了三箭，然後斬下紂王的頭顱，掛在白旗之上示眾。魅惑君王的蘇妲己，也沒有得到善終，她的下場有很多個版本，莫衷一是。總之，傳承了五百多年的殷商王朝就這樣不復存在了。紂王的叔父箕子在朝歌陷落的時候，逃到了朝鮮半島，在朝鮮建立了第一個王朝，稱箕子朝鮮。

周王朝的衰落

武王姬發滅商之後，建立周王朝，將都城定在了鎬京（陝西西安），他拋棄原來「帝」的稱謂，改稱為「王」，也可以這樣說，姬發是中國歷史上第一位國王。

由於周王朝早期的成員都是小部族的後裔，文化水平普遍比較低，所以國家的意識形態、宗法制度基本上都是繼承了商王朝的，並沒有做多大的改變。當時全國共分為四個比較大的階層，國王算一個階層，由諸侯、卿、大夫、士構成的貴族階層，然後是人數最多的庶人組成的平民階層，最下面便是奴隸階層。

周王朝分封的諸侯國的君主大部分都是姓姬的親族，極少部分是外姓，外姓之中也只有像呂尚那樣的開國元勳才會得到分封。自此之後，「部落」一詞開始退出歷史舞臺，取而代之的是「封國」。封國之間地位平等，但是領土卻不一樣大，這便要看被封的諸侯所授的爵位大小。

當時的封國可以按照爵位的高低分為六類。第一類是公國，規定的土地大概要達到 50 平方公里，像宋國、陳國、齊國等；第二類是侯國，面積要達到 35 平方公里，像晉國、燕國；第三類是伯國，所要達到的土地面積也是 35 平方公里，像鄭國、衛國；第四類是子國，面積要求 25 平方公里，像楚國、溫國；第五類就是男國，面積也是要求 25 平方公里，像許國、蔣國；最後一類便是附庸國，面積不滿 25 平方公里的都要劃進去，像極國、郳國。

周孝王時期，由於對外戰爭的需要，馬匹的需求量非常大，所以周孝王對養馬業非常重視。經人舉薦，孝王得知一個叫非子的人特別善於養馬，於是就派人將非子請來，命其在渭水和汧水之間的平原養馬。非子果然不負眾望，馬匹繁殖得很快，孝王非常高興，

周武王

就將甘肅的一塊地封給了非子，還賞賜了嬴姓，稱秦嬴。這非子便是秦朝的祖先，當時為周王朝對抗西戎的各部落，出過很多力。

孝王死後，諸侯都擁立其子姬燮為王，稱周夷王。周夷王在位期間，為了改善與少數民族之間的關係，做過很多努力。但是當時周王朝畢竟已經開始走向衰敗，太原的戎狄起來造反，周夷王便派人去討伐，大勝而歸，繳獲了大批戰利品。儘管如此，也無法改變周王朝衰亡的命運。

周夷王去世之後，繼位的是周厲王。這個周厲王是歷史上有名的暴君之一，周厲王一上臺，就任用阿諛奉承的榮夷公為卿，讓此人為自己大肆斂財，修建豪華的厲宮。諸侯們見周王朝無德，便陸續不來朝覲，私下裏議論一些「大逆不道」的話題。這些話傳到周厲王耳朵裏，他開始對這些諸侯進行征伐。

生活的奢侈、連年的戰爭，讓國庫越來越吃緊，為了能搜刮到更多的錢財，榮夷公建議將山澤全部壟斷下來，收歸國有。原先平民開墾山澤得到的私田，是不需要交稅的，但是如今連這條生路都被政府給切斷了，舉國上下怨聲載道。厲王仍然一意孤行，不聽勸告，強行壟斷了山澤之利，按畝徵稅。

厲王這樣的舉動讓鎬京附近的國人非常不滿，大家紛紛指責他。召公對厲王說：「百姓已經無法再忍受你的苛政了！」周厲王大怒，命衞國的巫師去大街上監視老百姓，只要誰敢批評自己，就處死誰。從這以後，老百姓再也不敢當街批評厲王了，即便是在路上碰到了熟悉的人，也只能互相使眼色，以示對厲王的不滿。

厲王見再也沒有人敢當街說自己的不是，便到召公面前炫耀說：「怎麼樣，我的辦法很管用吧，老百姓再也沒有人敢批評我了！」召公不以為然，他對厲王說：「堵住百姓的嘴，只會使情況越來越糟，就像堵住河流一樣，後果不堪設想。」周厲王依舊置若罔聞。

正如召公所料，三年之後，國人再也無法忍受周厲王的統治，舉國開始暴動，百姓跑進皇宮襲擊周厲王，周厲王見大勢已去，只能狼狽地逃到了山西霍縣，於公元前 828 年在那裏死去。當初周厲王逃出鎬京時，將自己的兒子放在召公家中，暴動的老百姓知道後，便將召公家圍了起來，要他交出太子。召公忍痛將自己的兒子送了出去，被暴怒的老百姓殺死。

周厲王逃跑的這段時間，國政由召公和周公兩人執掌，號稱「共和」。太子在召公家日漸長大，成年後登位，稱周宣王。在召公和周公的輔佐下，周宣王勤政愛民，心懷天下。諸侯們似乎又

看到了希望，都來鎬京朝覲，後世稱之為「宣王中興」。

公元前 789 年，宣王御駕親征，征討姜戎部落，結果大敗而歸，宣王自己都差點做了俘虜。為了補充兵力，宣王在太原大肆徵兵，引起了當地人民的不滿。宣王中興因此要打上一個問號，公正地說，宣王只是維持了國內的穩定，並沒有讓周王朝興盛起來。

宣王在位四十年，死後其子宮涅繼位，稱周幽王。這個周幽王上位真不是時候，天怒人怨，當時社會矛盾本來就非常尖銳，恰逢鎬京地區又出現地殼運動、河水斷流這種百年難得一遇的事情，便有人認為這是亡國的跡象。在這種情況下，周幽王還派遣伯士去進攻六濟之戎，結果大敗而歸。

公元前 780 年，周幽王親自帶兵討伐褒國，褒國的人早就知道周幽王是個好色的主，便獻上絕世美女褒姒。果然，周幽王得到美女之後便打道回府。褒姒很快就贏得了周幽王的寵愛，還為其生了一個兒子伯服。不久之後，幽王便廢掉了原來的王后申后以及申后所生的太子宜臼，立褒姒為王后，立伯服為太子。

雖然如此，褒姒並沒有改變她不愛笑的天性。周幽王放出話來，誰能讓褒姒笑，必定有重賞。有一次，周幽王為了逗褒姒開心，便命人點燃了烽火臺的狼煙，諸侯們看到烽煙四起，以為有外敵入侵，紛紛帶兵前來勤王。怎料大夥一來，發現什麼事都沒有，便都灰溜溜地回去了。褒姒見眾諸侯狼狽萬分，竟然笑了起來，周幽王見狀，喜出望外，多次點燃烽火，只是後來前來勤王的諸侯越來越少。

公元前 771 年，原皇后申后的父親申侯對於女兒、外孫被廢黜一事非常憤怒，便聯合繒國和犬戎的軍隊，進攻鎬京。周幽

王大驚，再次點燃烽火，怎料眾諸侯已經不相信他，無人前來勤王。無奈，周幽王只能帶着褒姒出逃，最後還是在驪山腳下被戎人追上，周幽王被殺死，褒姒也被戎人擄回去作為戰利品，周王朝的財寶被擄掠一空。

後來秦襄公和衞武公出兵前來救周，將犬戎趕出了鎬京，並找到了原太子宜臼，將其立為天子，稱周平王。從周武王滅商到犬戎攻入鎬京這段時間，歷史上稱為西周，一共傳了十一代、十二個王，統治了約二百七十五年。

第 二 章 ....

春秋爭霸，
百家齊鳴

周王朝無可奈何花落去，進入了一個群雄並起、百家爭鳴的時代，一個個霸主輪番登場，一齣齣好戲爭相開唱。秦晉之好，原來是一對歡喜冤家，剪不斷，理還亂；知道什麼是真正的「潛伏」嗎？像楚莊王那樣韜光養晦，一鳴驚人；一個智慧老人畢生的夢想都是治國平天下，可惜命運不給他這樣的舞臺，唯有編書、教書，結果成了萬世師表；三個彪悍的僕人分了主人的財產，史稱「三家分晉」，春秋落幕，戰國啟程。

平王遷都，桓公稱霸

犬戎被趕出鎬京之後，在秦襄公和衛武公的幫助下，平王將都城從殘破不堪的鎬京東遷到洛邑。因為洛邑地處鎬京以東，所以歷史上便將東遷以後的周王朝稱為「東周」。

周平王東遷之後，手上的土地大幅度縮水，最後僅僅控制了600多里的土地，後來又因為要賞賜那些有功的諸侯，加上被戎人霸佔的土地又沒有辦法收回，手中的土地就更少了。與此同時，齊國、楚國、秦國、晉國逐漸強大起來，周天子的威信直線下降，中國進入了「政由方伯」的動亂歷史時期 —— 春秋。

在細說春秋之前，可以先說一下周王朝當時衰敗到何種境地。各諸侯強大起來之後，不再定期朝貢，直接導致周王朝財政收入縮水，但由於缺乏強有力的武力，也只能忍氣吞聲。根據記載，平王死的時候，周王室窮得連喪葬費都出不起，只能到魯國去請求救濟，周王室的衰敗可見一斑。

在動亂的春秋時代，大小封國之中第一個崛起的是齊國，其君主便是姜小白，史稱齊桓公。齊襄公在位的時候荒淫暴虐，國內政治混亂，齊國上下動盪不安，人人自危。齊國的名士鮑叔牙和管仲都預感到齊國必將發生大亂，他們又分別是齊襄公的弟弟公子小白和公子糾的老師，為了避免禍事，鮑叔牙帶着公子小白逃到了莒國，管仲帶着公子糾避難到了魯國。

公元前686年，公孫無知殺死了齊襄公，自立為國君，齊雍稟不服，於次年春將公孫無知殺死，一時之間齊國找不到合適

的繼承人。當時齊國正卿高溪與公子小白是髮小，於是便派人通知公子小白，回國繼位。魯莊公聽說公孫無知被殺死的消息後，也想派兵護送公子糾回齊國繼位。

為了阻擋公子小白，魯莊公令善於射箭的管仲先行，在莒國通往齊國的中途截殺公子小白。管仲到達埋伏地點之後，見公子小白一行人正乘車而來，管仲一箭射出，公子小白應聲倒地。管仲認為大事已定，便派人向魯莊公稟報，魯莊公大喜過望，便令護送公子糾的將軍緩緩而行，用了六天才到齊國邊境。怎料公子小白早就到了齊國，在高氏和國氏的擁戴之下繼位，成了齊桓公。之前管仲的那一箭並未射中公子小白，公子小白只是做了個套，讓管仲上當而已。如今公子小白當上了國君，早就派了軍隊在齊國邊境迎擊魯國軍隊。

兩軍交戰，魯軍大敗，魯莊公乘輕車逃回魯國。鮑叔牙親自率兵出征魯國，先派人給魯莊公寫了一封信，大致說道：「公子糾是齊桓公的兄弟，桓公不忍心親手處死他，請莊公動手殺死公子糾。召忽和管仲是齊國的仇人，請將那兩人交還，我們要將其碾成肉泥。」魯莊公畏懼齊國的實力，只能殺死公子糾，召忽聽到消息後自殺，莊公只能將管仲送回齊國。

原來，齊桓公被管仲射了那一箭之後，一直記恨在心，總想着繼位之後報一箭之仇。怎料他的老師鮑叔牙對他說：「您要是只想治理好齊國，有我和高就夠了。但是您要是想成就霸業，那就非留下管仲不可！」

齊桓公思前想後，還是覺得霸主大業比較重要，不僅饒恕管仲不死，還拜管仲為相。果真，在管仲的輔佐下，齊桓公在政事上順應民心，改革農業和商業，在軍事上實行地方行政與兵制

合一，齊國很快就強盛起來，接着便開始將精力外移，準備成就千秋霸主之業。

由於北方的戎狄和南方的楚國（又稱荊蠻）對周王室和中原的諸侯國有很大的威脅，於是齊國便打出「尊王攘夷」的口號，準備發動對外戰爭。

公元前 663 年，山戎攻燕國，燕國向齊國求救，齊桓公親自帶兵出征，將山戎打敗，一直追到孤竹才班師回朝。燕莊公感謝不已，親自送齊桓公到齊國境內，怎料齊桓公道：「不是天子，諸侯互相送別是不能出境的，我不能對你燕國無禮！」於是便將燕莊公所到的齊國的土地割給了燕國，並囑咐燕國要及時向周王納貢。諸侯們聽到這件事，都被齊國的「正義之舉」感動，紛紛前來歸附。

之後，齊國又為衛國趕走了狄人的侵犯，帶領天下之師討伐楚國，為周王平定了戎狄之亂。這一系列的舉動，大大提高了齊國在諸侯國中的威望。當時齊桓公在葵丘召開會盟，天下諸侯紛紛前來赴會，連周襄王都派周公前來參加，不僅給了齊桓公賞賜，還稱其為伯舅，這樣的舉動，等於正式承認了齊桓公的霸主地位。

公元前 645 年，管仲病逝，齊桓公不聽管仲臨死前的建議，重用了易牙等人。怎料兩年之後齊桓公生病，在易牙等人的唆使之下，齊桓公的五個兒子為了君主之位與太子昭大打出手，還用軍隊將齊桓公的住所包圍

齊桓公

起來，讓齊桓公斷水斷糧。齊桓公飢渴難忍，最終自殺而亡。齊桓公死後，他的兒子們忙於爭奪君位，無人給他收屍。結果，齊桓公的屍體在牀上停放了六十七天，遍佈屍蟲，新登位的齊君姜無虧才為齊桓公收殮。一代霸主齊桓公死得這麼憋屈，確實是一種諷刺。

秦晉雖好，終成冤家

　　齊國衰弱之後，新的強國晉國、秦國紛紛崛起。

　　前文說過，秦國的祖先是一個叫非子的養馬人，因為養馬有功才被分封。到了秦襄公的時候，因為護送平王東遷有功，被封為了諸侯，又將岐山西邊的土地給了他，直到這時秦人才正式建國。後來經過了文公、甯公、武公、德公等人的努力，秦國的疆土不斷往東擴展，到了秦穆公的時候，秦國已經佔據了大半個關中地區。

　　秦穆公繼位之始，為了擴大疆土，先是討伐毛津的戎人，然後開始解決與鄰國晉國的邦交問題。公元前 655 年，晉獻公滅了虞國，虞公及大夫井伯、百里奚都成了奴隸，當時正好秦穆公要娶晉國太子申生的妹妹穆姬為妻，晉獻公就將他們作為陪嫁的奴隸，送到秦國。

　　秦穆公是一個很有遠見的人，他心存大志，但是苦於身邊沒有賢士輔佐，後來有人向他推薦：在穆姬陪嫁的奴隸中，百里奚是個萬里挑一的人才。秦穆公大喜，連忙相邀，怎料那百里奚不願淪為奴隸，逃到了楚國，被楚國人抓住了。秦穆公便想花重金將他贖回來，但是又怕楚人知道百里奚的潛在價值，便故意用五張公羊皮去換。楚國人一看這個百里奚這麼不值錢，便毫不猶豫地答應了。

　　當七十多歲的百里奚被送往秦國之後，秦穆公待其為上賓，兩人相見恨晚，連談了三天。秦穆公被百里奚的遠見所折服，拜

其為相。百里奚還向秦穆公推薦他的朋友蹇叔，秦穆公花重金將蹇叔請來，任命他為上大夫，掌管軍政。

當時秦國想要擴張，最大的障礙便是鄰國晉國。在晉獻公晚年，驪姬之亂發生後，公子重耳和公子夷吾出逃。晉獻公死後，驪姬的兒子奚齊繼位，不久之後又被臣子里克殺死。秦穆公就派百里奚護送公子夷吾回國繼位，稱晉惠公。夷吾在秦國的時候，許諾如果秦國送他回去繼位，他便會將河西八城割送給秦國，但是夷吾繼位之後，不願履行之前的承諾。

公元前 648 年，晉國鬧乾旱，糧食產量少得可憐，秦穆公便送了大量的粟米給晉國。兩年之後，秦國開始鬧饑荒，晉國不僅不幫助秦國，反而落井下石，出兵攻打秦國。秦穆公大怒，兩方軍隊在韓原開戰，晉國大敗，晉惠公被俘，最後在穆姬和周襄王的調解下，秦穆公才放了晉惠公，秦晉兩國結為盟國。晉惠公必須將太子送到秦國作人質，晉國割讓黃河以西的地方給秦國，至此，秦國東邊的疆土擴充至龍門。

公元前 637 年，晉惠公死後，太子子圉回國繼位，稱晉懷公。晉懷公怕流亡在外的公子重耳會回來搶奪他的君位，便處處迫害公子重耳。秦穆公也不知是心腸太好，還是出於其他的政治目的，便將重耳從楚國接來，待為上賓，還將自己的女兒文嬴以及四位宗女都嫁給了重耳，作為「投資」。

第二年，秦穆公送重耳回國，重耳殺死懷公，自己繼位，稱晉文公。晉文公在秦國的幫助下，尊王攘夷，與楚國的城濮之役之後，正式奠定了晉國的霸權地位。後來秦穆公又幫助晉國出兵圍鄭，鄭國的老臣燭之武連夜翻牆而出，對秦穆公說：「晉國這次往東攻打我們鄭國，開闢疆土，下次就會往西攻打你們秦國，

你們秦國何必出賣自己的利益幫助晉國呢？」於是秦國與鄭國結為同盟，留下杞子等人幫助鄭國防禦，罷兵而歸。

公元前 628 年，晉文公逝世，杞子派人從鄭國送回消息，說鄭人將城池的北門鑰匙給了他，只要秦穆公能派些軍隊悄悄過去，就能奪取鄭國。秦穆公大喜過望，準備出兵，百里奚和蹇叔執意勸諫秦穆公，說：「兩國相距上千里，一國出兵了，另一國定然會知道的，所以成功的概率並不大！」秦穆公不聽勸諫，執意出兵，果然不出百里奚和蹇叔的預料，秦軍大敗，而且是敗給了趁火打劫的晉國，主將都被晉國俘虜。

晉文公的妻子文嬴是秦穆公的女兒，她提議將主將交還給秦國，讓秦國自己處理，以便保持秦晉兩國的關係。主將回到秦國之後，秦穆公懊悔萬分，後悔自己沒有聽從蹇叔和百里奚的勸告，於是將那些主將又官復原職。

晚年的秦穆公先是出軍討伐晉國，渡過黃河之後將船全部燒毀，誓死奮戰，晉國軍隊不敢迎戰，秦軍奪了幾塊地之後，又耀武揚威了一陣，才意猶未盡地回國。公元前 623 年，秦軍出征西戎，勢如破竹，二十多個戎狄小國紛紛歸順了秦國，秦國的國土迅速膨脹，史稱「秦穆公霸西戎」。周襄王送來金鼓，表示祝賀。

《吹簫引鳳》描繪的是秦穆公之女弄玉在鳳樓上吹簫引來鳳凰的故事。據《列仙傳・簫史》載：「簫史者，秦穆公時人也。善吹簫，能致孔雀白鶴於庭。穆公有女，字弄玉，好之，公遂以女妻焉。日教弄玉作鳳鳴，居數年，吹似鳳聲，鳳凰來止其屋。公為作鳳臺，夫婦止其上，不下數年。一旦，皆隨鳳凰飛去。故秦人為作鳳女祠於雍宮中，時有簫聲而已。」

公元前 621 年，秦穆公去世，安葬在如今陝西鳳翔東南，殉葬的人有一百七十七個，其中名士頗多。國人為了表示不滿，紛紛唱《黃鳥》之詩。詩中哭嚎「彼蒼天者，殲我良人」！——老天爺呀，他們竟然坑殺好人！

一鳴驚人，問鼎周王

　　楚國原先是個南夷小國，根本不為人重視，早在西周的初年，諸侯一起會盟的時候，楚國代表都不能入席，還被派去看守燈火，而且常年受到諸侯國的討伐。在後來的楚武王、文王、成王、穆王的不懈努力之下，楚國依靠着它得天獨厚的自然條件，逐漸吞併周圍的小國，從之前那個「篳路藍縷，辟在荊山，以啟山林」的小國，一躍發展成為了雄踞江漢，覬覦天下的千里大國。

　　楚國的勢力一路向北，很快就威脅到其他諸侯國的利益，諸侯國自然不會坐視不理。楚國先是在召陵遭到了齊桓公的阻擊，其後又在城濮之役中被晉國打敗，停滯不前。

　　當時楚國的君主是一個頗有意思的人，他便是楚莊王。相傳楚莊王繼位之時，楚國內部動盪不安，而且在他繼位的三年裏，整日左擁右抱，沉迷酒色，不問世事，很多人都來勸誡他，他卻發出一條命令：誰來勸諫就砍誰的腦袋！

　　有一天，一個叫成公賈的人跑到楚莊王的面前。楚莊王說：「你來做什麼，難道沒聽到我說，誰來勸諫就砍誰的腦袋嗎？」

　　成公賈說：「我不是來勸諫的，我是來說個啞謎解解悶的。」

　　莊王這才緩和了語氣：「你說吧！」

　　成公賈說道：「南山有隻鳥，三年不飛不動不叫，是什麼鳥？」

　　莊王聞言，神色忽然威嚴起來，道：「三年不動是在決定志向，三年不飛是在長翅膀，三年不鳴是在觀察情況。此鳥不飛

則已，一飛衝天；不鳴則已，一鳴驚人！」隨即，莊王開始上朝，大刀闊斧地處理政務，經過一系列的整頓，國人歡悅，楚國大治。

原來楚莊王一直是隱而不發，由於他繼位之初，國內政治局勢動亂，他便假裝沉迷酒色，不問國事，讓國內的矛盾暴露出來，看清身邊臣子誰忠誰奸。一旦等到自己完全掌握權力，開始着手處理政事的時候，可以以迅雷不及掩耳之勢將國家治理好。楚莊王「安內」之後，開始實施他的「攘外」計劃。

他先是征服了戰略要地庸國，接着繼續向北攻打陳國、宋國，晉國派趙盾前去支援陳國，怎料大敗而歸。公元前 608 年，晉又聯合宋、衞、陳三國，一同進攻楚國的盟國鄭國，楚莊王知道後，將楚國的軍隊開到了鄭國。晉國的元帥趙盾率領的四國聯軍浩浩蕩蕩地前去征討鄭國，原以為能大勝而歸，可趙盾一聽說楚國的軍隊在鄭國，嚇得都不敢與楚國交鋒，便撤兵回國，可見當時楚國的軍隊多麼強大。

兩次大滅晉國的威風之後，楚莊王更加自信。公元前 606 年，楚莊王攻打陸渾之戎，竟然將軍隊開到了周王室的土地上，周王室孱弱，也不敢責怪，還派當時的大夫王孫滿前去慰問。

楚莊王見到王孫滿之後，開口便問周王室那象徵天下九州的青銅鼎的大小和輕重。王孫滿當然知道楚莊王的話裏有話，但是也不敢明着抗議，便回道：「一個國家的興亡，在乎德行的有無，不在乎鼎的輕重！」

這個回答讓楚莊王很不滿意，於是楚莊王便開始誇耀楚國的軍力，旁敲側擊地威脅王孫滿，還說道：「鼎又有什麼稀罕，我們楚國的士兵在戰場之上折斷敵軍的矛頭，熔成銅水，都夠鑄成

九鼎！」

王孫滿氣急，反駁道：「你難道忘記了這九鼎的來歷了嗎？這九鼎是夏盛世的時候，各方諸侯前來朝覲，用他們貢獻的金（青銅）冶煉而成，上面有象徵九州各地的風土人情的圖案。後來夏桀無道，鼎就傳到商人那裏，六百年後，商紂王無道，我們周武王滅商，鼎又傳到我們周。可見，只要未失去德義，就算鼎再小，也沒有人能搬走。當年周成王將九鼎安放在郟鄏的時候，上天曾預示我們周有 30 代，700 年的天下。現在我們周雖然德義衰弱，但是天命還在，所以鼎的輕重還不是你能過問的！」

楚莊王聽後，覺得這鼎確實來頭不小，就這樣被王孫滿給唬住了，也不敢再問。只是這九鼎如此珍貴，最後下場卻非常諷刺。幾百年後，周王朝的最後一任王姬延也太不爭氣了，他被人稱為「赧王」，意思就是羞愧之王。那時候周天子窮得叮噹響，只能被迫向當時的一些商人借錢過日子，最後負債累累。無奈之下，周赧王只能偷偷摸摸地將九鼎熔化（那時候的青銅還是貴金屬），用來還賬。隨着象徵王權的九鼎灰飛煙滅，周王朝最終被秦國滅掉。

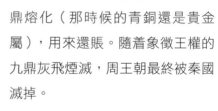

春秋時期鳥蓋鼎。楚莊王為討伐外族入侵者來到洛陽，在周天子境內檢閱軍隊。周定王派大夫王孫滿去慰勞，楚莊王借機詢問周鼎的大小輕重，大有欲取周王朝天下而代之的意思，結果遭到王孫滿的嚴詞斥責。後來就把圖謀奪王位叫做「問鼎」。

百家爭鳴，百花齊放

　　春秋戰國時期，是中國歷史上思想大解放的重要時期，各家學派紛紛提出自己的主張，試圖說服別人接受自己的思想，其中湧現出很多著名人物。

　　先說這老子，姓李，名耳，字伯陽，世稱老子，原是楚國人，後來在周王室任職，看守藏書，也就是國家圖書館的館長。他是道家學派的始祖。

　　孔子周遊列國的時候，來到周王室，向老子請教古禮。老子看了看孔子，對他說道：「你說的那些人，他們的屍體都已經腐爛不在了，但是他們的言論還流傳於世。作為君子，如果時候適宜，便可以出來做官，如果時局不明，那就隱居起來。一個好的商人會將寶物深藏，讓別人以為他沒有什麼。君子道德高尚，但是外表會和普通人一樣，所以你應當去除你身上的驕氣和慾望，這些都無益於你的身體，我能告訴你的也只有這些了。」

　　孔子離開周國後，對他的弟子說：「我知道鳥能飛，魚能游，野獸能走；能走的可以用網捕，能游的也可以用線釣，能飛的可以用箭射，至於龍，牠上天入地無所不及，我不知道能拿牠怎麼樣。今日看到老子，可能他就是龍吧！」

老子

老子在周王室待了多年，可以説見證了周王室的興衰，最後棄官歸隱。當他走到函谷關的時候，函谷關的守令對他説：「你既然要隱居了，就為我寫一本書吧！」於是老子就寫了一本《道德經》，然後飄然離去，誰也不知道老子最後怎麼樣了，傳説老子活了兩百歲，不足為信。還有人認為老子就是在楚國著書的老萊子，或者周平王時期的太史儋，總之沒有定論。

莊周，又稱莊子，道教又稱他為南華真人，宋國人，是戰國時期偉大的哲學家，道家學派的主要代表人物。他的思想集中體現在《莊子》一書中，主張世間萬物都是相對的，一切事物都處在變化之中。在莊子看來，人應當安於現狀，活着就要逍遙快活，能隨遇而安。他還批評儒家的仁義和墨家的兼愛思想，認為這些都是有違人和自然的本性的。

莊子的生活非常清貧，他住在貧民窟，靠編織草鞋為生。有一次，他實在揭不開鍋了，便向監河侯借粟，監河侯覺得這是有借無還的賠本生意，於是便推脱説等他收了租税再借給莊子。

莊子聽了很生氣，説道：「我昨天在路上遇到一條魚，牠要我弄水來救牠，我對牠説：『我正要南去吳越，等我引來西江的水再救你吧！』那魚便怒説：『等你引來西江的水，我早就被曬死了！』」遂走人。

莊子很窮，他又不想當官。當時楚威王聽説了莊子的才能，便派人帶了貴重禮物，前去禮聘莊子做丞相。怎料莊子很不識抬舉地説道：「千金固然貴重，相位也很尊貴，但是你們沒有見過祭祀用的牛嗎？先將牛養上幾年，等他長到肥肥胖胖的時候再送到太廟，直到這個時候，這頭牛才想做一頭能吃能睡的豬，可是能行嗎？所以你們還是走吧，我寧可在髒水溝裏自由自在地嬉

戲，也不要去做高官，領高俸祿，受國君約束。」

莊子臨死的時候，他的弟子想將他厚葬，莊子拒絕了。他說：「我以天地為棺木，以日月星辰為隨葬品，難道我的葬禮還不夠好嗎？」

他的弟子說：「我們怕你被飛鳥吃掉！」莊子便回道：「我在地上被飛鳥吃掉，埋在地下也是被螻蟻吃掉，不都是一樣嗎？為什麼要厚待螻蟻而薄待了飛鳥呢？」

莊子死後，弟子們傷心欲絕。

春秋時代，除了老子的道家思想，還有主張博愛的墨家思想、講究法治的法家思想、推演邏輯的名家思想、研究軍事的兵家思想、宣揚玄學的陰陽家思想等，而對後世影響最大的還是孔子開創的儒家思想。

儒家先聖，孔子降臨

孔子，姓孔，名丘，字仲尼。孔子的祖先是宋國人，相傳其父與顏氏少女野合之後懷上了孔子。他出生不久，父親便去世，家裏生活條件並不好。孔子小時候很喜歡讀書，愛玩祭祀和禮儀的遊戲，到了十七歲那年就已經以知禮聞名。

孔子年輕的時候在季氏家裏任倉庫管理員，還順帶着管理些祭祀、禮儀的事宜。後來孔子離開魯國，去諸侯國遊歷。孔子先是到了齊國，齊國國君不歡迎他，他又來到宋國和衞國，這兩個國家的國君更狠，還命人將孔子驅逐出境。孔子又到了陳國和蔡國，這次的處境更慘，被當地人限制了人身自由。後來到了周，向老子問禮，老子便給孔子說了一段前文中提到的話。

公元前 517 年，孔子跟隨魯昭公來到了齊國，向齊國太師學習韶樂，學得非常認真。後來孔子回到魯國之後，開始廣收弟子，傳授他的思想，在當時有了一定的社會影響力，季桓子和吳國的使者都向孔子請教過。

孔子在魯國做官，先後擔任過中都（山東汶上西）的副官，中央的司空、大司寇等官，還做出了不少成績。公元前 496 年，孔子升任為魯國的代理國相，喜形於色，於是門人便對孔子說：「聽說君子遇到災禍不會害怕，遇到開心的事不會在臉上表現出來。」孔子便說：「是有這麼個說法，但是人生的樂趣在於居於顯貴的地位，仍謙虛地對待別人（『樂其以貴下人』）。」孔子做了魯國的代理國相之後，採取了一系列措施，使得魯國的政治日

漸有了起色。

　　齊國人擔心孔子擔任相國會使魯國發展壯大，便想了一個計策。齊國先是挑選了八十個漂亮的少女，穿上繡花衣服，會跳康樂之舞，外加三十匹有花紋的上等馬，送給了魯定公。魯定公得到這些好處之後，頓時就將國事拋在腦後，整日與那些女子玩樂，也不再聽孔子的治國之道。孔子見魯國君主不再器重自己，覺得也沒有必要在魯國繼續待下去了，於是便帶着弟子，又開始周遊列國，尋找自己的一片天地。

　　孔子第二次周遊列國，一共花了十四年的時間，這十四年裏，孔子先後到過衛、陳、曹、宋、鄭、蔡、楚等國，歷盡磨難。在宋國的時候，孔子與弟子在樹下習禮，宋國的司馬就將大樹砍倒，想將孔子壓死；在鄭國的時候，孔子與弟子走散了，鄭國的人罵孔子是個喪家狗；在蔡國的時候，孔子的學生子路問一個挑着草的老頭：「你見過夫子嗎？」那老頭氣憤道：「四體不勤，五穀不分的人，算什麼夫子！」子路語塞。

　　後來，孔子又到了陳國、蔡國之間的一個地方，莫名其妙地被人包圍在野外，斷了好幾天的糧，差點餓死。孔子真心希望有君主能夠推行自己

孔子講學

的主張，他曾說：「如果有人願意重用我，我一年之內就能做出成績。」然而就是沒有人重用他。

公元前 484 年，六十八歲的孔子回到魯國，不再過問政事，悉心做學問，整理典籍，他一共編纂了《書》、《禮》、《樂》、《詩》、《易》、《春秋》六部儒家經典著作。

孔子的學生據說有三千多人，其中精通六藝的有七十二人，最為出名的有顏回、冉求、仲由、宰予、子貢等人。他的政治生涯雖然很失敗，但是教育非常成功，被尊為「萬世師表」，以至於有人誇張地說「天不生仲尼，萬古如長夜」。孔子一生也算是失之東隅，收之桑榆。孔子死後，他的弟子根據他的言行整理出《論語》，記錄孔子一生的思想與言行。

臥薪嚐膽，兔死狗烹

　　春秋末期，楚國從霸主的寶座上跌了下來，新崛起的吳國登上了霸主寶座。正當吳國在伍子胥、孫武的帶領下想稱霸諸侯的時候，吳國旁邊的一個小國正在祕密籌劃取代吳國，這小國就是越國。

　　吳王闔閭是一個很有作為的君主，太子病死後，闔閭準備再挑選一個兒子當太子。夫差感到機會來了，便求闔閭的親信重臣伍子胥為自己說好話。太子死後，夫差就是闔閭最大的兒子了，但是闔閭並不看好夫差。夫差為了當上太子，竭力巴結討好伍子胥，他知道伍子胥的話能影響父親的決定。

　　闔閭傳召伍子胥進宮之後，問道：「當下誰能立為太子。」

　　伍子胥便說：「按照輩分，夫差最為嫡長，應該立為太子。」

　　闔閭說道：「夫差愚笨又不仁慈，恐怕難當重任。」

　　伍子胥解釋說：「夫差這個人講信用，說話算數，行為端正，遵守禮節，可以擔當大任。」

　　闔閭向來信任伍子胥，伍子胥這麼一說，他也覺得有道理，便立夫差為太子。

　　地處南方會稽的越國，傳聞是夏禹的後代，早在夏王少康的庶子被分封到這邊的時候，就自號為越。後來一直傳了三十幾代，到了允常這一代的時候，疆土不斷擴大，便稱越王。允常死後，其子勾踐繼位，適時吳王闔閭正在對外擴張，已經開始向越國入侵，勾踐便迎敵而上，與吳軍交戰。

此戰之中，吳王闔閭重傷而亡，死前他叮囑夫差，要他不要忘記殺父之仇。

於是夫差便命令侍衛們，只要他路過，就要提醒他：「你會忘記越人的殺父之仇嗎？」夫差便會肅聲回道：「不敢忘！」

夫差繼位之後，命令伯嚭為太宰，強勢練兵，時刻準備為父親報仇。公元前 494 年，勾踐聽說了吳王夫差在練兵，準備伐越。勾踐決定先下手為強，他不聽大夫范蠡的勸阻，出兵攻吳。吳王夫差正愁勾踐不應戰，現在送上門來了，那正是感謝得緊。夫差便帶着全部的精兵前去迎戰，大敗越軍，勾踐一直逃到會稽山，被吳軍重重包圍。

勾踐痛定思痛，低下頭顱，派大夫文種向夫差求和，說越國上至國君，下至庶民，都願意到吳國為奴，並將越國所有的寶藏都獻給吳國，只求吳國不要趕盡殺絕。夫差一聽，權衡利弊，覺得自己放了勾踐並沒有什麼不妥，勾踐已經兵敗，翻不起什麼風浪。放過他有利可圖，何樂而不為。就在他剛準備答應的時候，伍子胥跳出來勸道：「上天這次將越國賜給了我們，倘若不趁機滅了越國，將來會後悔莫及的！」於是夫差又開始猶豫。

文種見狀，便回去向勾踐說明情況，勾踐當時就想殺了妻子兒子，焚燒了珍寶，然後帶着剩餘的五千將士與吳國決一死戰。文種連忙制止了勾踐，對他說：「吳國的太宰伯嚭是個貪財好色之輩，我們可以賄賂他。」於是文種便帶着八個打扮得花枝招展的美女，外加很多金銀珠寶，暗中送給了伯嚭，說明了情況，還許諾，事成之後還有比這些更美的女子。

拿人錢財，替人消災，伯嚭便帶着文種去見夫差，文種見了夫差，跪拜道：「求大王放過勾踐，越國一定會奉上所有的錢財

珠寶。如果這筆買賣不成，勾踐説了，會帶着五千精兵與吳國拚個魚死網破，毀盡珠寶，這樣對你們吳國也沒有好處吧！」伯噽連忙幫聲道：「歷來討伐敵國，都是打到對方投降就好了，現在勾踐已經投降服罪，還求什麼？」

伍子胥又反對道：「一定要滅了越國，殺了勾踐，勾踐是個賢君，文種、范蠡是良臣，放他們回去，簡直就是放虎歸山啊！」夫差哪裏還會再聽他的勸諫，他只看到眼前的利益，於是和文種達成協議，撤兵回國。

吳軍撤兵之後，勾踐回到會稽城，向國人道歉：「寡人之前自不量力，去與大國結仇，以至於子弟死於戰場，人民受到塗炭，這些都是寡人的過錯，希望大家給我一次改正的機會。」於是便帶着眾臣慰問傷者，埋葬死者，撫恤生者，安定好民心之後，勾踐便帶着三百士人去吳國為吳王服役。

勾踐每日穿着爛布衣為夫差駕馬，他的夫人每天在王宮內外打掃衛生。三年之後，吳王登上高臺，見到勾踐、范蠡在刷馬糞的時候還行君臣之禮，不禁動了惻隱之心。後來夫差生病之後，勾踐親口品嚐夫差的糞便鑒定病因，終於感動了夫差，夫差不顧伍子胥的連連反對，放勾踐回國了。

勾踐回國之後，看到越國的土地剩下不到一百里，心中大為淒涼憤慨，隨即撤去房中豪華的雕牀，在地上鋪上稻草，又在牀鋪前放了一個苦膽，每每進食之前都要先品嚐一下苦膽，用來激勵自己不忘當初會稽山的恥辱。白天他親自到田裏耕種，晚上他與夫人在家織布。衣服只穿一種顏色，吃飯只吃一種肉，與全國的百姓同甘共苦。同時他還禮賢下士，鼓勵百姓生育，外交上親楚國、結齊國、附晉國，時刻準備向吳國報仇。

　　經過了十年多的奮發圖強，越王勾踐終於找到了機會，做好一系列的準備工作之後，在公元前 473 年出兵討伐吳國。當時離開會稽的時候，國人都爭相鼓勵道：「君王對我們這般好，我們怎麼能不為他奮勇拚命。」

　　越軍如猛虎出山，打得吳軍節節敗退，最終將吳人圍在了姑蘇城內。公元前 473 年，被圍在姑蘇山上的吳王夫差實在忍受不了，便派大夫公孫雄赤裸上身，去求勾踐看在當年會稽山上放過越國一馬的份上，今天也饒過吳國一次，允許吳國求和，像當年那樣，夫差和吳人也願意到越國為奴。

　　勾踐也動了惻隱之心，剛想答應，范蠡勸說道：「會稽山下，上天將越國賜給了吳國，吳國自己沒有要，如今，上天將吳國賜給了越國，難道越國會不要嗎？況且大王你含辛茹苦了多年，難道不是為了奪取吳國嗎？謀劃了二十二年卻一下子放棄了，這樣不就前功盡棄了？難道大王你忘記了會稽山的恥辱了嗎？」

　　勾踐想想，覺得很有道理，說道：「我接受你的建議。」

　　范蠡於是對吳使說：「大王已經將政事都交給我了，吳使你快走吧，否則我就要用軍隊對付你們了。」

　　公孫雄頹然而去。勾踐事後派人告訴夫差：「我將你送到甬東（浙江舟山島），給你一百戶食邑。」夫差回道：「如今我老了，不能再伺候大王了！活著沒有臉見天下人，死了沒有臉見伍子胥。」遂用布帛掩面，自縊而亡。勾踐將夫差安葬，誅殺了太宰伯嚭。

　　勾踐滅吳之後，隨即北上，召集諸侯在徐州（山東藤縣）會盟，向周王進貢。周元王派來使者，稱勾踐為霸主。成了霸主之後的勾踐便開始行「正義之舉」，將淮上的土地還給楚國，將吳

國侵佔宋國的土地還給宋國，又分給了魯國泗水以東一百里土地，不久之後，越國便成了眾諸侯公認的霸主。

范蠡洞察人性，功成名就之後決定退隱保身，乘船帶着西施到全國各地做生意。走之前，范蠡給同僚文種寫了一封信，信中説：「飛鳥盡，良弓藏；狡兔死，走狗烹。勾踐是個能與人共患難，卻不能與人共富貴的人，你還是早點離開他吧！」

文種看完信之後，覺得范蠡説得有道理，但是又捨不得高官爵位，便稱自己有病，不再上朝。後來有人進讒言，説文種要謀反，勾踐便賜給了文種一把寶劍，對他説：「當初伐吳的時候你教給我七種方法，我只用了三種就打敗了吳國，剩下的四種方法，你就去我父王那裏去試用吧！」文種聞言，便自殺了。

勾踐在位三十二年，終老而死。

范蠡

三家分晉，戰國開始

　　話說歷史上最能忍辱偷生，又最忘恩負義的君王勾踐死後，他的後代之中再也沒有能扛起大旗的人。到了公元前 306 年，越國內亂，被楚國滅掉。

　　相較於越國的「痛快滅亡」，晉國可以說是百般苦痛。早在晉文公的時候，追隨他流亡的那些大家族組成了一個世襲的貴族統治集團，這個集團之後一直是晉國不能撼動的政治力量。隨着時間流逝，晉國的後裔再也無法控制這個集團，而這個集團的後代也不再和睦相處，一百多年以來一直明爭暗鬥。最後，這個集團分裂成了六姓大家，他們便是范家、中行家、荀家、韓家、魏家、趙家。

　　隨着六個家族對晉國政權的瓜分，晉國國君就變成了一個有名無實的君主，後來又經過百餘年的排擠、合併，六大家族中范家、中行家不復存在，晉國剩下四大家族。每個家族都擁有強大的軍隊和遼闊的土地，根本就無視晉國的君主。晉國國君靜公無法忍受四大家族，於是就派人偷偷地跟齊國借兵，準備借用外力來平亂，怎料四大家族得知消息之後，立刻將靜公趕下臺，最後靜公在流亡的途中枉死。

　　這四大家族中又以荀家的勢力最強大，荀家的當家人叫荀瑤，傳說此人非常聰明，他很早就有了吞併其他三大家族的想法。為此，他開始向三大家族勒索土地，韓、魏兩家迫於荀家的淫威，不敢不答應，但是趙家的家主趙籍斷然拒絕了。

　　趙家強硬的態度讓荀瑤非常憤怒，他邀請魏家的當家人魏斯和韓家的當家人韓虔前來會商，準備三家聯合，一同出兵進攻趙家的都城晉陽城（山西太原）。荀瑤有言在先，只要滅了趙家，三家就可以瓜分趙家的土地。怎料三家人出兵晉陽，發現晉陽城堅固無比，打了兩年都沒能拿下。

　　公元前 453 年，三家聯軍決定引汾水灌晉陽城，水勢浩大洶湧，眼看着就突牆而進。就在此時，歷史的轉折點出現了，趙籍連夜派使者祕密潛入敵軍營帳，向韓虔和魏斯兩人剖析了當前的形勢，説道：「荀瑤貪得無厭，眾人皆知，而且之前大家力量相差無幾的時候他還要你們割地給他，等到滅了趙家，你們有把握分到地嗎？有把握不被荀瑤勒索嗎？按當下的情況，我們三家應該聯合起來，然後一同對付荀家，瓜分荀家的土地。趙家如果能解除這次的危機，也會對你們感激涕零，世代友好。」

　　三家頓時達成一致，連夜向毫無準備的荀家發動了進攻，荀家的軍團經此一戰，全軍覆沒，荀家全家上下皆被屠戮，趙籍還將荀瑤的人頭砍下當尿壺使。

　　到了公元前 403 年，早就默默無聞的周王國第三十八代國王姬午突然收到了趙、魏、韓三家的巨額供奉，周天子當時有種中彩票的感覺，立即下令榮升

趙
籍

三大家族的家主為國君，在各自的地盤可以建造自己的封國。富諸侯，窮天子，在諸侯爭霸的過程中，周天子的地位越來越低。

至此，三個強大的封國出現在這個混亂的歷史舞臺上，他們便是趙國、韓國、魏國。

第 三 章

戰國終結者
的得與失

戰國這齣戲，角色多得數不清，我們把焦
點鎖定在戰國終結者 —— 秦。從富有悲劇
色彩的改革家商鞅到風投高手呂不韋，從
秦始皇靠鐵腕和魄力吞併諸侯、混一六合
到陳勝吳廣揭竿而起，鉅鹿之戰給了帝國
致命一擊。帝國終結了戰國，又被一個呼
之欲出的新帝國終結。

商鞅的「杯具」

　　群雄爭霸的戰國時期，有的國家通過一系列變法，可能會從一個不起眼的國家躋身到強國行列，有的國家可能因為固步自封，逐漸僵化退化，最後慢慢地消失在歷史的長河之中。到了戰國中後期，西邊的嬴姓秦國，東邊田姓齊國，中原晉分裂出來的趙國、魏國、韓國三家，南邊的楚國，北邊姬姓燕國成為了當時七個最為強大的國家，史稱「戰國七雄」。

　　當時秦國的君主是秦孝公，他是秦國一位很有作為的君王。

　　由於秦國地處西部，其餘的六個國家就稱秦為夷狄，諸侯會盟的時候秦國便被排斥在外。早在秦獻公在世的時候，便開始實施改革，到了秦孝公上臺的時候，他發誓要完成獻公未完成的改革大業。但是當務之急是為秦國物色一個德才兼備的 CEO，秦孝公對文武百官說：「當年先祖秦穆公曾經東平晉亂，西逐戎狄，天子和諸侯都對秦國敬重非常。在此之後國內禍事連連，自顧不暇，以至於三國分晉後奪我西河之地。諸侯都看輕我們，這是莫大的恥辱。為此寡人非常痛心，希望賓客群臣之中能有出謀劃策的奇士。輔佐我完成大業，倘若大業能成，寡人願意封他為相國，一同治理國家。」

　　就在此時，一個叫公孫鞅的人前來應聘。公孫鞅是衛國國君庶子的後代，所以又稱衛鞅，後來幫助秦孝公完成霸業，受封於商，才叫商鞅。此人自幼好學，尤其喜好刑名之學，長大後來到魏相公孫痤家中做中庶子，公孫痤看出了商鞅有大才幹，臨死之

前便向魏惠王推薦道：「公孫鞅年少有奇才，希望大王能夠重用。」

魏惠王沒放在心上，僅是一笑置之。公孫痤見狀，又言道：「要是大王不願意重用公孫鞅，那就將他殺了，不要讓他跑到別的國家去。」

公孫痤死後，魏惠王完全無視公孫痤的話，既沒有殺掉公孫鞅，也沒有重用公孫鞅。公孫鞅發現在魏國並沒有多大發展空間，一身的才華無處施展，感覺非常憋屈。恰在此時聽説秦孝公求賢若渴，於是便抱着試試看的心態來到秦國，通過宦臣景監介紹，見到了秦孝公。

商鞅和秦孝公第一次見面並不像其他君主請賢士那樣一拍即合，兩人之間還是費了一些周折的。商鞅見到秦孝公之後，迫不及待地説了很多話，可是秦孝公卻一直在打瞌睡，根本就沒聽進去。事後秦孝公還找來推薦人景監，責備了一番，景監又責備商鞅。商鞅對景監説：「我給大王講的是為王之道，大王聽不進去，請允許我再見一次大王。」

第二次，秦孝公對商鞅説的話表示滿意，卻並沒有當即拍板讓他做官，事後孝公對景監説：「你推薦的這個人還行，可以與他談話。」

商
鞅

後來商鞅又找到景監，說：「我上次對大王説的是稱霸之道，大王似乎有要執行的意思，如果再讓我見大王一次，我一定能説服他。」

商鞅第三次見到秦孝公的時候，兩人談得非常投機，不知不覺竟然促膝而談，連着幾日都沒有感到疲倦。事後景監問商鞅：「你用什麼打動我們大王的？他很是高興。」商鞅高興地説道：「我給大王説了三代帝王之道，他說：『那耗時太久遠，我等不了那麼久，況且賢君要稱霸諸侯，怎麼能等上幾十年、上百年呢？』於是我又給大王講了強國之術，大王聽後就高興了。」

秦孝公很想任用商鞅，實施變法，但是又怕天下人議論自己，商鞅便勸説道：「優柔寡斷的人是無法取得成功的，聖人認為只要能夠強國，就不會按照老辦法做，如果對老百姓有利的事，就不必遵照舊禮儀。」隨後大夫甘龍、杜摯都反駁商鞅，認為傳統的禮儀不應當丟棄，否則國家就會衰敗。

商鞅以他敏捷的應變能力和出眾的口才反駁了他們，最終説服了秦孝公實施變法。秦孝公任命商鞅為左庶長，實行變法。在變法之初，商鞅先是做了一件有趣的小事，他在首都櫟陽（陝西臨潼）南門豎了一根木頭，下令説：「誰將這個木頭扛到北門，賞賜十兩黃金。」當時老百姓驚疑不定，大家不知道商鞅葫蘆裏賣的是什麼藥，沒人敢去做。商鞅見狀，又將賞金提高到五十兩黃金，這次有一個大膽的人半信半疑地將木頭扛到了北門，果然得到了賞錢。商鞅用這種簡單明了的方式建立誠信和法制觀念，希望民眾相信政府，尊重政府。政府只有得到民眾的信任和尊重，才能有所作為。

商鞅的第一次變法嚴重損害了既得利益者的利益，因此也為

自己日後埋下了禍根。當時新法頒佈後，老百姓有千人到國都抗議，表示不滿。後來太子駟違反了新法，商鞅認為新法必須從貴族開始，但是太子將來是要繼承王位的，不能用刑，於是將罪罰轉到太子的師傅公子虔和公孫賈身上。

秦國的老百姓見到這種情況，紛紛表示願意遵從新法。變法實施多年後，秦國大變，老百姓人人都想殺敵建功，國內秩序井然，山上也沒有了盜賊，社會一片繁榮昌盛。早期那些反對變法的人紛紛轉投到商鞅的變法陣營之下。

公元前 351 年，商鞅被任命為大良造，成為秦國地位最高的大臣。接着，商鞅開始實施第二次變法。第二次變法中最重要的內容是將國都從櫟陽遷到咸陽、革除舊習、併鄉為縣、廢井田、開阡陌等。其中公子虔違反了新法，商鞅便將其鼻子割掉，以示「法律面前人人平等」，提高大家對法律的尊重。

新法實施之後，秦國更加強大，周顯王派人給秦孝公送祭肉，諸侯紛紛前來祝賀。秦國用了十九年的時間，將自己改造成一個超級強國。商鞅因為變法，位極人臣，秦孝公將商於之地（陝西商縣東南）的十五個城邑都封給了商鞅，稱其為商君，以示尊重。

蘇秦 PK 張儀

　　秦國強大後，開始與魏國爭霸。此時，魏國完全不是秦國的對手，就像兩個職業拳擊手，根本不是一個重量級的。魏國敗給秦國後，從此一蹶不振，遷都不說，還要割地。從此，各個諸侯國都對秦國忌憚非常。

　　秦孝公死後，太子駟繼位。由於早年與商鞅的一些個人恩怨，公子虔等人趁機反撲，誣衊商鞅準備謀反，派人前去捉拿商鞅。商鞅聞訊出逃，在函谷關下想要投宿客棧，但客棧主人卻說：「商君有令，住客沒有身份證明的，舍人是要被治罪的。」商鞅搖頭自歎，真是作繭自縛。商鞅又逃到了魏國，魏國因為商鞅才割地遷都，自然不會對他態度友好，將其趕了出來。商鞅無奈，只能回到了自己的封地商邑，準備興兵反抗，秦國出兵擊敗商鞅。最後將商鞅車裂，也就是五馬分屍，並將商鞅全家誅滅。

　　商鞅死後秦國並沒有衰敗，因為商鞅雖死，他的政策和法律還繼續推行。所以，秦國踩着商君的屍體在霸業的路上迅速前進。

　　在各國萬分忌憚秦國的時候，一個叫蘇秦的人出現在大家眼裏，這個人聲稱有辦法對付秦國，那便是合縱眾弱國一同對付秦國。但是秦國很快就重用了張儀，採用了針鋒相對的連橫政策，瓦解了各國聯合抗秦的計劃。

　　蘇秦是周王國的人，家裏跟當時周王室一樣，非常貧窮。蘇秦見周王室日漸衰敗，便去秦國，期望施展自己的抱負，帶領秦

國一統天下，怎料秦惠王嬴駟因為商鞅的事，討厭所有的外國人，無奈蘇秦只有回到自己家中。

家中正在織布的妻子見蘇秦一臉落魄相，根本就不理睬蘇秦，於是蘇秦便去嫂子那裏蹭飯，結果嫂子也不理他，世態炎涼古今皆然。受人鄙視後，蘇秦沒有灰心，他潛心研究縱橫之術和君王心理，廢寢忘食地讀書，頭懸樑，錐刺股，最終學得一身真本領。他首先去燕國推銷自己的新主張，受到了燕國君主的器重，燕國國君還為他作了免費宣傳，蘇秦的思想很快得到六國的認同，六國決定一致抗秦，並且任命蘇秦為聯盟宰相，相當於六國祕書長。

當時發生了一件值得一提的事。蘇秦從楚國去趙國時途經洛陽，周天子隆重接待這個大人物，為其準備了豪華住所，沿途街道戒嚴等。蘇秦榮歸故里，可以説是今非昔比，身後跟着的儀仗隊浩浩蕩蕩，羨煞旁人。

蘇秦行在街道上時，在匍匐的百姓之中恰巧看到了當初不肯施捨一碗飯的嫂子，便走上前去問道：「當初你那麼鄙夷我，為什麼現在又對我這麼恭敬？」

嫂子嚇得語無倫次，支支吾吾地説：「因為……因為你現在地位很高，富貴非常。」這個婦人雖然勢利，説的也是大實話，社會在變，人性很少變。

蘇秦

　　張儀之前也很貧窮，並且和蘇秦還是好友。早年他去楚國游說，就因為太貧窮，被人當成小偷，差點被打死，後來來到秦國，向秦惠王推銷他的連橫政策。秦惠王上次錯過了蘇秦早已後悔不已，一見到又有人才上門，頓時惜如珍寶。秦惠王就是通過張儀的連橫和解之策，將聯盟國各個擊破，最終破了蘇秦的合縱之計。

　　連續三次的合縱抗秦失敗之後，秦國當之無愧成為當時數一數二的霸主。不僅如此，各個諸侯國之間除了要面對秦國的威脅之外，還要互相提防，甚至大打出手。秦王傳了一代又一代，並沒有顯示出什麼衰敗的跡象，反而蒸蒸日上。秦昭襄王嬴稷面對眾國之間的矛盾，採取了宰相范雎「遠交近攻」之策，對於離自己較遠的齊、燕、楚採取親近的外交政策，而與自己接壤的魏、韓、趙卻用武力相加。就在這樣的形式之下，秦國一直處於不敗之地，終於在長平關戰役中大敗趙國，又於公元前 256 年，將周王室最後一代君王姬延廢為平民，而楚國也趁機滅掉了魯國。

風投大師呂不韋

公元前 247 年，秦國的王位傳給了年僅十三歲的嬴政，攝政大權掌握在商人出身的呂不韋手中。

呂不韋是個很有政治遠見的人，敢於長線投資操作。呂不韋早期做着賤買貴賣的生意，積累了千金的家業。在中國封建社會，從商不是受尊重的行業，呂不韋也想轉型改行，於是便想到投資政治。

公元前 265 年，呂不韋去趙國邯鄲經商，得知秦國太子嬴柱的庶子嬴異人（秦莊襄王）在趙國做人質。秦國幾次三番進攻趙國，所以嬴異人在趙國的生活非常困難，趙國人雖然沒有處死嬴異人，但也絕對不會給他好日子過。

呂不韋發現嬴異人之後，從嬴異人身上看到了巨大的商業價值和政治價值。呂不韋回家後就問父親：「耕田能賺幾倍利？」

其父答曰：「十倍！」

「珠寶買賣能賺幾倍利？」

「一百倍！」

「培植一個國君呢？」

「無數倍！」

呂不韋說道：「如今種田，都不一定夠吃穿，要是能夠培植一個國君，子孫後代都有享不盡的榮華富貴了，所以我決定投資這個嬴異人！」

於是呂不韋就找到了嬴異人，對他說明了心中的計劃，嬴

異人許諾道：「如果你的計劃成功，我將會把秦國的大權與你共享！」呂不韋聽後，欣喜若狂。呂不韋拿出大量的銀子，讓嬴異人過上錦衣玉食的生活。隨後，呂不韋花費巨資購買了大量的奇珍異寶，親自到秦國將珠寶送給了最受太子寵倖的華陽夫人，並對她説：「嬴異人將您看作天上的仙人，雖然遠在異國他鄉，他卻常常思念父親和夫人，夫人在他眼裏就如同慈母。」華陽夫人聽了大受感動。

呂不韋投資嬴異人，也是經過風險分析的。首先，華陽夫人沒有子嗣，得到她的扶植，嬴異人就有可能當上國君；其次，輔佐嬴異人當上國君最關鍵的是買通華陽夫人；第三，嬴異人由於不受重視更有可能得到華陽夫人的信任，其他人當上國君，華陽夫人或許很沒有安全感。

為了徹底買通華陽夫人，呂不韋又找到華陽夫人的姐姐，一通打點之後，華陽夫人的姐姐便去勸説華陽夫人：「我們女人年輕的時候是靠美色來迷住男人，一旦年老色衰就會被男人拋棄一邊。你沒有孩子，不如就將庶子嬴異人立為嫡子，這樣老了也可以有個依靠啊！其他人待在宮裏，養尊處優，不太可靠。」

華陽夫人聽後，連連稱對，便找到安國君，説出了自己的請求。安國君很寵愛華陽夫人，爽快地答應了，讓人刻了玉符，正式承認了嬴異人的身份。從此，嬴異人在諸侯之中的聲望大漲。

後來嬴異人又看上了呂不韋的小妾 —— 能歌善舞的邯鄲女子趙姬。呂不韋猶豫了許久，最終還是咬牙將趙姬送給了嬴異人。不久，趙姬就生下了兒子，取名為政，便是後來中國歷史上響噹噹的秦始皇，而趙姬也被立為夫人。

對於嬴政的身世，歷史上也有不同的説法，有人説嬴政其實

是呂不韋的兒子，趙姬在送給嬴異人之前，就已經懷了嬴政，趙姬向嬴異人和呂不韋都隱瞞了懷孕的事。當然，這個說法並沒有得到歷史學家的確認，只能聽聽作罷。

公元前 257 年，秦國要進攻趙國，趙王想殺死嬴異人，呂不韋又花錢買通獄卒，讓嬴異人逃回了秦國，還藏起了趙姬母子。秦昭王嬴稷死後，太子安國君繼位，稱秦孝文王。很快到了公元前 250 年，孝王又病死，嬴異人如願繼位，稱秦莊襄王，呂不韋為丞相，封文信侯，立嬴政為太子。

三年之後，秦莊襄王病死，十三歲的嬴政繼位，呂不韋又被尊為相國。呂不韋攝政之後，對秦國的壯大起到了很大的促進作用，施行了一系列的改革措施，讓秦國更快走向輝煌。

呂不韋還大力招攬賢士，各國人才紛紛前來投靠，其門客達到了三千人。呂不韋對這些門客論才而用，還組織他們探討治國之道，提取了諸子百家思想，編著了歷史上有名的《呂氏春秋》，並將書分篇公佈在咸陽的城門之上，將一千金懸掛在上邊，說只要誰能在其中更改一個字，便能拿走這一千金的賞錢。

在呂不韋的輔佐之下，年幼的嬴政將秦國治理得風生水起，有聲有色。

呂氏春秋

鐵血帝王

隨着秦王嬴政日漸長大，在權力的回收上卻與呂不韋、嫪毐等人產生了矛盾。

早年之時，太后趙姬因為年輕守寡，但是又不甘寂寞，便與呂不韋舊情復燃，兩人經常私會。後來隨着秦王日漸長大，呂不韋擔心自己要擔當與太后淫亂的罪名，便找了一個陽具很大的人來代替自己，這便是嫪毐。

根據史書記載，嫪毐的陽具大得能轉動桐木車輪，於是呂不韋便將其收為舍人，然後引薦給趙太后。趙太后見後果然很喜歡，想要佔為己有。呂不韋便將嫪毐的鬍子全部拔了，冒充宦官送到宮中伺候趙太后。不久之後，這嫪毐就讓趙太后懷孕，趙太后怕被人知道，便假稱躲災，與嫪毐搬到了雍地（陝西鳳翔）居住。

在隨後的日子，嫪毐得到的賞賜越來越多，還被封為長信侯，宮中眾多好處隨意享受，朝中之事不管大小，嫪毐都可以決定，還自稱是秦王嬴政的「假父」。公元前 238 年，嫪毐在內宮與人下棋賭酒的時候發生爭鬥，酒醉之時，嫪毐信口大罵對方：「我是秦王的假父，你是什麼東西，敢與我打鬥！」

那人不敢與嫪毐正面爭執，他直接向嬴政去告發：「嫪毐是個假宦官，經常與太后淫亂，還生了兩個小孩，聲稱等大王死後要讓他的小孩繼承王位。」告狀話不在多，點到關鍵就行。秦王嬴政聽了，當然非常憤怒，他決定立刻採取措施。

　　秦王先是派官府調查，嫪毐聞訊後狗急跳牆，聯合了各方勢力，準備叛亂，殺死秦王，讓自己與趙太后的兒子繼位。可惜，他把嬴政看得太過簡單了，秦王早就不是當初那個年幼無知的孩童，他早就祕密做好防範工作，很快就將嫪毐的叛亂給平定，將嫪毐殺死，誅其三族，還將其與趙太后生的兩個兒子殺死，並將趙太后軟禁。

　　這件事也牽連到了呂不韋，嬴政念在其輔佐先王功勞很大，又有很多人求情，便饒他不死，撤掉他相國一職。呂不韋也很識相地遷到河南居住。諸侯國聽說秦王不再任用呂不韋，紛紛派遣獵頭前來挖牆腳，希望挖到呂不韋這樣的 CEO。嬴政一看，這呂不韋留着真是個麻煩！便寫了一封信給呂不韋，問：「你對秦國有什麼功勞，要封你為文信侯，食邑十萬戶？你與秦王室又有什麼血緣之親，卻號稱我的『仲父』，你和你的家屬還是遷到蜀地去吧！」

　　呂不韋害怕連累家人，飲鴆自殺，呂不韋死後，他的門客紛紛前來弔喪，將其安葬在洛陽。

　　嬴政親政之後，重用法家精英李斯，任命其為宰相。嬴政非常喜歡讀書，他非常喜歡《孤憤》和《五蠹》，並且反覆誦讀，常說：「如果我能見到這本書的作者，能與其結交，雖死無憾。」

　　這個作者就是歷史上赫赫有名的韓非子，與當時秦國宰相李斯同是師出大儒荀子。李斯知道秦王的心意之後，便告訴秦王，這書的作者是韓國的貴族韓非，但是其人患有口吃，所以不善於言辭辯論。但是韓非是有大智慧的人，他著書氣勢磅礡，將畢生所學都融會到他的文章之中，是個不可多得的人才。

　　秦王求賢若渴，也很想見見這個智者，便寫信邀請韓非來

秦國訪問。公元前233年，韓非到了秦國的首都咸陽，作為秦王的貴賓，受到盛大的歡迎。但是身為宰相的李斯卻在心中有了顧忌，他怕韓非得寵之後會威脅到自己的地位，便跟秦王說：「韓非是韓國的貴族，不會效忠秦國的，不如將其送回韓國。可他若是回國之後幫助韓國強盛，這又於我們不利，不如殺了他以絕後患。」

秦王思考許久，覺得李斯說得有理，但是又不忍處死才能如此出眾的人才，便將韓非關進了監獄。後來當秦王想放走韓非的時候，李斯已經先人一步在牢中將韓非毒死了。韓非死後，崇拜他的人將其作品編成了一本書，稱之為《韓非子》，而嬴政和李斯雖然是幕後害死韓非的兇手，卻完全接受了韓非的思想，將之用在秦國的統一霸業之上。

公元前230年，東方六國衰微，秦王開始了他的統一大業，他先是滅掉了一蹶不振的韓國，隨後便開始籌謀滅掉趙國。滅掉趙國不容易，因為趙國有一代名將李牧。秦國幾次進攻都被李牧擋回，秦

李斯

王便與謀臣商議，先用反間計除掉李牧，然後再滅趙。這一招果然非常管用，除掉李牧後，秦軍順利攻入趙國境內，趙王投降，趙國被滅。趙王的弟弟趙嘉逃走，帶着殘兵繼續抗秦。

燕王聞訊之後，覺得這麼等下去不過是坐以待斃，決定先下手為強，太子丹

便派荊軻前去刺殺秦王。荊軻刺秦失敗後，正好給了秦國攻打燕國的借口，公元前 222 年，王賁率領秦軍滅掉燕國。

在滅燕的同時，秦國也順帶着將趙國餘部一起收拾了，並且攻陷了代郡，趙嘉自殺。最後剩下的便是和秦國關係一直良好的齊國，秦國先是收買了齊國的宰相后勝，讓齊國麻痹大意，然後於公元前 221 年一舉滅齊，俘齊王建。秦國用了十年的時間統一六國，隨後又北驅匈奴，設九郡；向南討伐百越，設桂林、南海、象三郡；至此，秦國的版圖東至大海，北至遼東，西到九原，南迄北向戶，成了中國歷史上第一個幅員遼闊的統一大帝國。

焚書坑儒

秦王並不滿足六國疆域上的統一，他希望將六國的衣食住行等各方面都統一，這樣也方便管理。

秦王統一六國之後，豪氣萬丈，他覺得自己德兼三皇，功過五帝，王的稱號已經顯示不了他非凡的成就，於是在三皇五帝中各取一個字，稱皇帝，而他又稱始皇帝，他的後代便稱二世、三世，一直到萬世皇帝。

之後，他又規定了自己不再自稱為「我」、「寡人」之類，而改稱「朕」。在皇帝之下，他又設了三公九卿的中央官職，又設博士顧問，設前後左右將軍掌征伐，他認為，有這樣強大的行政機構和軍事機構，秦王朝能夠傳至千秋萬代。

秦始皇還崇信戰國時期陰陽家鄒衍的五德之說，他認為秦為水德，所以規定了十月為年首，崇尚黑色。這點在現在的一些影視劇中可以看到，秦軍都是一律黑甲，殺氣十足。不僅如此，秦始皇還規定了各種成數都是以六為約數，像髮冠都是六寸，車寬都是六尺，車駕都是六匹馬等。

為了不重蹈歷史的覆轍，秦始皇採納了李斯的意見，廢除分封制，實行郡縣制度，最早將天下封為三十六郡，其後增至四十一郡，還在首都咸陽與各郡之間修築標準的馳道，加強中央對地方的控制。

秦始皇又主持制定了一系列的法律條文，講究「依法治國」，不講人情。他還推廣商鞅重農抑商的思想，崇尚農業，抑制商

業。為了顯示自己一統天下，不會再有戰爭，秦始皇又下令沒收民間所有的兵器，鑄成了巨型編鐘宮懸。

秦始皇迄今做的一切都還只是開始，除了用國家機器控制人民之外，秦始皇認為思想控制也非常重要。根據李斯的建議，公元前 213 年，秦始皇下詔將《秦記》以外的諸侯史書，以及不是公家收藏的《詩》、《書》、百家語全部燒毀，並禁止人們私下談論《詩》、《書》。就這樣，之前積累的大量寶貴的歷史書籍都被秦始皇毀於一旦。當然，秦始皇也不是笨人，對於醫藥、占卜、農業方面的工具書，他沒有不分青紅皂白地燒毀。

當然，秦始皇焚書並不是像一些人宣傳的那樣是因為本性暴虐，其中發生的一件事才是焚書的導火索。

秦始皇喜歡出巡，並且身後總跟着一隊聲勢浩大的隨從隊，其中博士也在內。這些博士跟在其中是做什麼呢？原來秦始皇每到一個地方都喜歡建一個石碑，在石碑上刻上誇讚自己統一六國的功績，這博士隨行便是為了幫秦始皇撰寫碑文。博士之位都是由儒家學者擔當，編撰這種歌功頌德的碑文正是他們的拿手活，其中著名的泰山頂上的頌德碑就是儒家學派的博士和舊魯國儒生的傑作，把秦始皇哄得眉開眼笑。

就因為秦始皇這次高興，儒家學派便認為時機已經成熟了，可以進一步用儒家思想去勸誡秦始皇的一些行為，讓儒家學派能夠發揚光大。於是便建議秦始皇將自己的兒子封到各地去做國王。

公元前 213 年，儒生淳于越正式上書道：「從前商周兩個王朝，立國都近千年，能統治這麼久的原因就在於分封兄弟子姪。現在陛下雖然擁有整個世界，但是你的兒子卻跟平民一樣，一旦

有什麼危險，就沒有人相救了。凡事要是不效仿古人，而能長久存在，這是從來沒有聽說過的。」

就這一番儒家思想濃重的話，讓秦始皇做出了焚書坑儒的過激行為。當時秦始皇公佈淳于越這份奏疏，宰相李斯立刻反駁道：「五帝的制度不足效仿，夏商周三代的制度不足為訓。現在時代變了，當然應該採用新制度。陛下建立的是萬世功勳，這是前無古人的事業。淳于越說的這些陳年舊事，早就已經過時了。儒家學者見到新鮮事物先是議論，然後再堅持說現在的制度沒有古人好，分明是擾亂民心。」

秦始皇聽後，覺得李斯說得非常有道理，這些儒生實在可惡，便決定焚燒儒書。其後發生的方士事件，又惹得秦始皇對儒生大開殺戒。

當時有兩位道家方士侯生和盧生，這兩人實際上是江湖騙子，揚言為秦始皇找長生不老藥，結果一無所獲，怕秦始皇怪罪，便悄悄出逃，逃走之前還跟人說：「嬴政這個人殘暴不仁，只信任他手下的官吏，博士雖然有七十多人，不過都是混吃混喝，根本得不到重視。他喜歡殺人，拒絕聽自己的過失。方士們一旦法術不能應驗，就會被處死。他只知道求長生不老藥，沒有人會那麼傻，把長生不老藥給他。」

這段話傳到了秦始皇耳中，龍顏大怒，咆哮道：「我找了這麼多知識份子一同治理國家，目的就是為了永久的太平。你們之中有人說煉丹可以長生不老，像徐福這些人，花費了我這麼多金錢，什麼都沒有找到。而你們還私下攻擊我、誹謗我，侯生、盧生，我平日待他們並不薄，想不到如今竟然這樣誹謗我！」

大怒之下的秦始皇下令將咸陽所有的高級儒生全部逮捕，並

派人調查他們平日裏有沒有什麼對秦始皇不利的言論。經過調查，證據確鑿有罪的有四百六十人，其中雖説都是一些方士，其實大部分都還是儒家之士，秦始皇下令將這些人全部坑殺。

秦始皇陵兵馬俑

　　因為這些事，儒家學派恨透了秦始皇，在此之後兩千多年的時間裏，儒家思想佔據了主導地位之後，對秦始皇的報復從未間斷，甚至不斷地升級，發洩對秦始皇焚書坑儒的不滿。

揭竿而起

隨着秦王朝統治的加深，大秦帝國逐漸走向了它輝煌的頂峰，就在秦始皇認為他的王朝能夠流傳百世、千世、萬世的時候，大地上已經出現了裂縫。

秦始皇一生修建很多浩大的工程，統一天下之後，他在渭水的南岸修建信宮和甘泉前殿。公元前 212 年，又在渭水南邊修建宏大的阿房宮。其後，他還下令徵用一百萬人修築長城、修建馳道、建驪山陵。不僅如此，秦始皇為了彰顯功德，一生之中多次巡遊，每次花費的錢財不計其數，消耗了巨大的人力、財力和物力。

在秦帝國繁重的徭役和嚴酷的法律之下，帝國下層開始悄無聲息地出現了裂痕。

公元前 210 年，秦始皇在出巡歸來的途中病倒，並在沙丘（河北平鄉）病死。秦始皇臨死之前留下遺詔，命長子扶蘇繼位。但是當時扶蘇並不在秦始皇身邊，因為早年勸諫秦始皇不要「坑儒」，被秦始皇貶謫到上郡（陝西榆林南）去做蒙恬的監軍。

在沙丘回咸陽的途中，秦始皇的幼子胡亥便與宰相李斯、宦官趙高密謀，準備暗中奪取皇位。他們先是隱瞞了秦始皇的死訊，然後將秦始皇的遺詔毀掉，另寫了兩份假詔書，一份命扶蘇自殺，一份命胡亥繼位。

就因為當時秦朝高度的專制政權，胡亥等人的陰謀輕鬆得逞，胡亥也因此坐上了大秦帝國皇帝的寶座。

根據史書中記載的胡亥的言行，可以得出他是個十足的敗家子。胡亥繼位之後曾問過趙高：「人生在世，不過一眨眼的工夫。我現在地位崇高，有權有錢，想做什麼就做什麼，所以我要享盡天下的豔福，你覺得對嗎？」趙高聽後，連忙回答說：「這個見解是極其明智的，蠢笨的人永遠也不會想到。」

就這樣，大秦帝國這艘巨船開始偏離了歷史長河的航線，漸漸駛向滅亡。

公元前 209 年，朝廷派遣貧苦農民 900 多人去漁陽（北京密雲）戍邊，這支隊伍的屯長就是陳勝、吳廣。陳勝是陽城（河南登封）人，最早是為人耕田的，對於地主剝削階級非常仇視，早年便有「鴻鵠之志」。吳廣是陽夏（河南太康）人，貧苦農民出生。陳勝和吳廣兩人之前並不認識，一起服役之後才交好。

這支隊伍走到蘄縣大澤鄉（安徽宿縣附近）時，天降大雨，眼不能睜，便停止前進。因為這個原因，誤了行差的期限，按照當時秦朝的法律，戍卒不能按期到達，就要被處斬。陳勝和吳廣思前想後，現在誤了期限要死，揭竿起義也是死，橫豎都是死，還不如搏一搏。

為了煽動大家造反，陳勝和吳廣策劃了一系列的鬼神之法。他們先是在帛書上寫上「陳勝為王」的字樣，然後塞到魚腹之中。等到士卒將魚買回來，剖開魚腹的時候看到帛書，發現了上面寫的字，頓時對陳勝心存敬畏。其後深夜又在附近的廟祠之中模仿狐狸的聲音呼喊道：「大楚振興，陳勝為王！」因為陳勝平日待眾人不錯，戍卒都越發尊敬陳勝，在他們心中，陳勝已經成為他們的大王。

一切準備工作就緒之後，他們開始實施預謀已久的計劃。

陳
勝

有一天，押送這支隊伍的軍官喝醉了酒，吳廣便故意上前激怒這兩人。

吳廣說：「反正已經誤了期限，不如讓大家散夥回去吧！」那兩個軍官聽聞後，大為憤怒，拿起軍棍便準備抽打吳廣，還將寶劍拔出來威嚇吳廣。吳廣上前奪過寶劍，利索地將其中一個軍官砍倒，陳勝也趁此上前，將另一個軍官殺死。

其後，陳勝吳廣將士兵們召集起來，說道：「男子漢要死得其所，王侯將相，難道都是命裏注定的嗎？」眾戍卒激動萬分，和道：「不是！我們都聽您的吩咐！」

就這樣一群亡命之徒，向一個如此強大的帝國發起了挑戰，可能他們自己都沒有想到，這樣一個對大秦帝國不起眼的動作，造成了多大的連鎖反應，從而導致了整個帝國的傾覆。

鉅鹿之戰

項
羽

陳勝吳廣揭竿而起之後，各地農民紛紛響應。為了能夠擴大影響力，許多造反的人打出六國的旗幟，還自稱國王，聰明的就找到六國後裔，擁立他們為王。有了六國的旗號，造反者向秦帝國發起一波又一波挑戰。

僅僅十四個月的時間，原先堅固如鐵桶的大秦帝國就分崩離析，分裂成了早前戰國時代的局面。六國的復辟者並沒有能改變歷史的結局，倒是其中兩個原本不起眼的小人物，最後決定了歷史的走向。其中一個便是前楚國大將項燕的孫子項羽；另一個便是沛縣（江蘇沛縣）出了名好吃懶做的混混頭目劉邦。

項羽與他的叔叔項梁在會稽郡（江蘇蘇州）起兵，擁立楚王後裔熊心為楚王，稱楚懷王。楚懷王雖為楚王之後，但是因為楚國的覆滅，最後淪為一個牧羊人。現在，在項氏家族的支持下，他當上楚王。

楚懷王建都盱眙（江蘇盱眙），他下令說，誰能先攻入咸陽，誰就是秦王。於是乎劉邦就帶着他的軍隊從南陽、武關（陝西商南）的路線，向咸陽進發。陳勝、吳廣所領導的第一批農民起義在歷經六個月之後，早就非死即傷，而現在的各路諸侯，大

部分都是貴族後裔，很少還有農民出身。

為何起義的星火燎原這麼迅速，可能這都要歸功於秦二世胡亥。

胡亥這個人不喜歡聽不順耳的話，誰給他報告不好的消息，誰就要坐牢。起義之初，各地的官員前來彙報的時候，胡亥將他們都打入監獄。鑒於前者的下場，再來中央彙報軍情的官員便都順着胡亥的意思說：「我們這裏都是小的騷動，都是一些遊手好閒的人做的一些打家劫舍的小事，地方政府已經處理妥當。」胡亥聽後，果然很高興。

後來陳勝的大將周文大軍打到距咸陽只有三十公里的戲水（陝西臨潼新豐），胡亥才如夢初醒。當時情況危急，胡亥想要徵調正規軍已經來不及，便赦免驪山十萬奴工和囚徒，命章邯做總司令，率領大軍前去迎戰。

章邯打敗了周文之後，於公元前 208 年，圍攻新建的趙王國重地鉅鹿（河北平鄉）。趙王趙歇急忙派使者向各諸侯求援，諸侯也都做做樣子，派出軍隊前去支援。當諸侯的軍隊見到章邯所率領的如狼似虎的秦軍之後，都不敢上前應戰。就在雙方對峙的時候，項羽率領的楚軍到達前線。

項羽沒有那些諸侯的顧慮，軍隊一到達便全軍出擊，楚軍破釜沉舟，以 5 萬的兵力大勝秦軍 20 萬守軍，創造了歷史上一個以少勝多的戰爭奇跡。作壁上觀的諸侯被這一場驚天地泣鬼神的戰爭震驚得目瞪口呆，誰也沒想到項羽這麼猛。當項羽召集各國將領商議追擊秦軍的事宜之時，諸侯們跪在地上行走，不敢抬頭直視項羽。這一戰，項羽威名遠震。

秦朝最後的長城毀在項羽手中，秦帝國危在旦夕。

第 四 章

被腰斬的
大漢帝國

一個無賴贏得了一群精英的擁戴，建立了一個強大的王朝 —— 漢。漢武帝雄才大略，北擊匈奴，鑿空西域，帝國雄視大漠，長長的手臂伸向遙遠的西方；新王朝橫空出世，將大漢攔腰斬斷，王莽 —— 一個書呆子的發跡與沒落；書呆子被大卸八塊，漢王朝復興了，文化繁榮，科技進步，生機勃勃。

亡秦必楚

早在秦軍擊退起義軍周文之前，秦朝內部的權力鬥爭就呈現白熱化。

宦官趙高為了控制朝綱，經過周密的策劃，除掉丞相李斯，自己當上了丞相。趙高以宦官的身份當上丞相，擔心眾人不服，又導演了一齣指鹿為馬的荒唐戲。他在一次朝會上將一隻鹿獻給了胡亥，在呈獻的時候，他卻說自己獻上的是一匹馬。胡亥還天真地說：「這明明是鹿，哪裏是馬？」

趙高也故作不知，說：「這明明是馬，怎麼會是鹿？陛下要是不相信，可以問在座的大臣。」

於是胡亥便問在座的大臣，大多數人就着趙高的意思說這是馬，少數「不識時務」的人說這是鹿。趙高通過這種方式辨出那些不服自己的人，凡是說是鹿的人全部被處死。從此以後，朝堂之中，再也沒有人敢反對趙高了。

在項羽與章邯鏖戰的時候，劉邦率先出發，領兵到達武關，直逼函谷關。胡亥終於意識到事態的嚴重性，事到如今，也只能去找他最信任的丞相趙高了。只是此時趙高稱病不出，胡亥幾次召見，趙高都推脫不見。

趙高是個玩弄權術的高手，但是對於帶兵打仗卻是一竅不通，他害怕胡亥揭穿他稱病的騙局，一怒之下殺了自己，便決定先下手為強。公元前 207 年，趙高派自己的女婿閻樂帶兵入宮，將一生毫無作為的胡亥處死，擁立秦王子嬰。

　　子嬰是個頗有才能的人，他即位之後就處死了趙高，只是秦朝大廈將傾，沒有人能挽回。公元前 206 年，劉邦打到咸陽，而章邯的大軍已經投降了項羽，現在子嬰無兵可用，只能叩首投降。

　　曾經無比強大的秦帝國在秦始皇死後短短三年的時間，就迅速瓦解崩潰了。

　　公元前 206 年，秦王子嬰脖子上繫着絲帶，雙手捧着皇帝玉璽，跪在路邊向劉邦投降。秦朝至此滅亡，歷史上的楚漢之爭拉開了序幕。

　　項羽是中國歷史上出名的猛將之一，但是他剛愎自用，性情暴躁，這也是他最終輸給劉邦的原因之一。

貴族鬥不過流氓

項羽聽說劉邦已經在自己的前面攻入了咸陽，非常氣憤，按照之前楚懷王定下的「先入關中者為王」，劉邦就是新的秦王。項羽哪能嚥下這口氣，所以準備對劉邦發起進攻。

劉邦進入咸陽之後，看着華麗的宮殿、無數的美女與金銀珠寶，產生了及時行樂的念頭。這時，劉邦手下的重臣樊噲、張良及時勸諫他，說秦國滅亡的教訓歷歷在目，難道大王想重蹈覆轍嗎？劉邦一聽有道理，便還軍灞上，財物無所取，婦女無所倖。

隨後，劉邦為了收買人心，與關中的父老鄉親約法三章，受到了當地老百姓的擁護。隨後，劉邦以低姿態向項羽示好。項羽不聽「亞父」范增的進言，在鴻門宴上錯失了剷除劉邦的機會。劉邦羽翼豐滿之後，成為了項羽最強大的對手。

其後不久，項羽就廢了楚懷王，自立為西楚霸王，分封了十八個諸侯，其中劉邦被封為漢王，封地為巴蜀地區。此時，項羽性格上的缺陷慢慢表現出來，他先是拒絕了當時一個叫蔡生的學者的建議，不僅沒有將咸陽作為都城，還一把火將咸陽的宮殿燒成了灰燼，而那個給項羽提建議，罵項羽「沐猴而冠」的蔡生最後也被項羽放到鼎鑊中烹死。隨後，項羽帶兵回到彭城，在四面沒有天險的彭城建都。

劉邦來到巴蜀之後，聽從蕭何、張良、韓信的建議，將巴蜀定為根據地，修養生息，招納賢才。沒過多久，便明修棧道，暗度陳倉，一舉打敗了章邯、司馬欣等人，還定三秦。

項羽的分封並沒有得到眾人從心底的擁護，舊齊王田榮首先舉起了反楚的旗幟，隨後聯繫趙王，相約一同合擊項羽。項羽兩線作戰，疲於奔命。饒是如此，項羽仍用強大的軍事力量很快讓叛軍知道了他西楚霸王不是徒有虛名。

滅齊王之後，項羽又在齊地燒殺搶掠一番，使得齊地的老百姓對他恨之入骨。公元前 205 年 4 月，項羽又暗中派遣九江王英布將楚懷王殺害，引起了當時各路諸侯的不滿。這一切劉邦都看在眼裏，還定三秦之後，率軍出了關中，在洛陽給楚懷王發喪，並大肆渲染項羽的弒君之罪，這麼一來，劉邦首先在輿論上打敗項羽。

一年之後，劉邦親自率領各路人馬，合計五十六萬人進攻彭城，此時項羽大軍還陷在齊國泥淖裏。劉邦因此輕而易舉拿下彭城。拿下彭城之後，劉邦老毛病又犯了，立即過上了花天酒地醉生夢死的生活，群臣跟着他一樣，也是美酒歌舞，腐敗奢靡。

項羽沒料到劉邦敢偷襲自己，知道彭城失陷後極為震怒，親自帶了三萬精兵回援。劉邦得知項羽才帶三萬人馬來攻，自以為兵強馬壯，正好可以打得項羽抱頭鼠竄。劉邦實在低估了項羽的軍事能力，彭城之戰的結果是劉邦大敗，而且敗得一塌糊塗，損失三十多萬人，大軍在睢水裏淹死了不知多少人，睢水為之斷流。

劉邦見情況不妙，急忙出逃，一路逃到了滎陽。項羽將滎陽圍得跟鐵桶一樣，劉邦在城中焦急萬分，最後無奈之下，只能讓自己的親信紀信偽裝成自己的樣子，開東門投降。楚軍見「劉邦」打開城門，親自出城投降，都興奮不已。劉邦藉着這個機會，從西門逃走。

　　軍事上的失敗不等於政治上的失敗。在韓信的幫助下，劉邦又迅速站穩了腳跟，韓信很快佔據了項羽所分封的魏、趙、燕等地，對項羽呈包圍之勢。項羽固然是個萬夫莫敵的大英雄，但不是一個合格的政治家。韓信本是項羽的一個幕僚，他屢屢給項羽出謀劃策，可惜項羽很少採納，最後韓信投靠劉邦，正如大鵬展翅，一飛衝天。

　　項羽不僅沒有留住韓信，還將他身邊最大一個智囊，被尊為「亞父」的范增給「氣」走了。

　　陳平以前也是項羽手下的人才，投靠劉邦後，他充分發揮自己的陰謀天才，為劉邦獻反間計，除掉為項羽出謀劃策的范增。陳平先是派人混進了楚軍之中，買通了項羽的親信，散佈流言說：「楚軍之中像鍾離昧這樣的高級將領，立了這麼多戰功，卻一直沒能封王分地，已經心存怨恨，準備投靠漢王反叛項羽，功成之後封王分地；再説亞父范增，屢次進諫忠言都得不到採納，才會令天下諸侯造反，民不聊生，害得楚軍疲於奔命，所以諸位將領準備讓范增取代項王，與漢王聯合滅楚。」

鴻門宴

　　項羽聽到這些謠言，心裏慢慢產生了懷疑，回想起當年在鴻門宴散席之時范增劍劈玉斗，大罵自己「庶子不足與謀」，項羽覺得范增可能真有問題。

　　看到項羽的反應，陳平知道項羽已經中計了。沒過多久，項羽派出使

者前去滎陽交涉，名義上是接受劉邦的求和，實際上是去漢營一探虛實。使者到了漢營，陳平命太宰殺羊宰牛，好吃好喝都給使者準備上。但是當使者表明奉項王之命來這裏後，太宰故意驚訝地說：「我以為是亞父的使者，原來是項王的使者。」話畢，又將那些牛羊肉、好吃好喝的都撤掉，換上粗茶淡飯招待使者，而且還是半餿的飯菜。

使者很是憤怒，也不要求見漢王，快馬加鞭返回楚營，向項羽彙報事情的前後經過。這麼一來，項羽更加相信范增「圖謀不軌」了。當然，范增畢竟是亞父，項羽也不至於殺了他，況且證據也不是很足。但是范增提什麼建議他都充耳不聞，後來范增再也受不了，主動提出辭職：「天下大事已定！項王好自為之，老臣侍奉項王這麼多年，早已心力交瘁，請准許我告老還鄉吧。」遂收拾行裝，準備歸隱故鄉，怎料還沒有到彭城，便暴死在路上。

失去范增，項羽好比是缺了一條胳膊。公元前 203 年，漸露敗象的項羽要求和解，和劉邦在鴻溝達成協議，雙方以鴻溝為界，鴻溝以西歸漢，鴻溝以東歸西楚，兩國互不侵犯。

眾所周知，政治家的諾言都是不可信的，但是項羽卻天真了一回。雙方鴻溝之約之後，項羽覺得終於可以鬆一口氣，過上安穩的日子了，便將劉邦的親屬歸還，率領大軍東歸。就在此時，劉邦出爾反爾，帶軍從背後追擊項羽。項羽所率的楚軍心態都已放鬆，正準備回家鄉過上兩天好日子，現在漢軍突然來襲，只能倉促應戰，即便如此，劉邦的漢軍還是打不過楚軍。

就在此時，項羽的老對手韓信率軍趕到，在垓下設下十面埋伏。當晚，項羽聽到了四周漢營之中響起了楚國舊歌，大驚道：

「難道楚軍都投降了？為何唱楚歌的人如此之多。」為此，他一夜未睡，他的愛妾虞姬在為他表演了最後一次歌舞之後自殺，項羽愴然淚下，帶着殘軍突圍南下，到達了烏江。

　　漢軍緊逼而至，烏江亭長勸項羽過江東，修養生息後捲土重來，項羽自言「無顏面對江東父老」，遂自殺而亡。項羽死後，楚漢之爭就此結束。

漢家天下

項羽死的這一年，劉邦登基稱帝，建立了大漢王朝，完成了中國的統一。

劉邦建漢之後，定都長安。當上皇帝後，他原本打算好好享受人生，美酒歌舞，飲食男女。可惜，劉邦當上皇帝後，天下也不服，造反的人一波接一波。劉邦不得不馬不停蹄平叛，剿滅那些異姓諸侯。在長達七年的平叛削藩戰爭中，劉邦終於鞏固了大漢的政權，維護了社會的安定與和諧。

完成大一統之後的劉邦，為了恢復戰爭的創傷，他採取了休養生息的政策，減免百姓賦稅，鼓勵農業生產。皇室也一反秦代的奢侈之風，帶頭過上「節儉」的生活。

當然，說到建立漢朝的偉業，不能不提一下劉邦的妻子，呂雉。

早年劉邦還在沛縣當混混的時候，遇到了呂雉的父親 —— 呂公。呂公在當時是一個有地位的財主，此外還懂得一點相面術。因為呂公在家鄉惹了禍事，與別人結仇，為了躲避仇人的報復，便準備遷居。恰巧沛縣的縣令是呂公的老朋友，於是乎呂公便帶着一家老小前來沛縣定居。

劉邦

當時的官場有個「潛規則」，如果某人在哪裏做了官，要是有落魄的親朋好友來投靠，必須想辦法救濟，俗稱「打秋風」。有些官員既好面子，又不想自己掏這個錢，便想到了一個辦法，設宴給故人接風洗塵，然後下屬們心領神會地出些份子錢，這事就成了。

這個沛縣縣令就是這樣的官員。他早早對外放出風聲，說有貴客要來家中做客，所以準備舉辦宴會，當地的名流、豪傑、下屬都可以來赴宴，當然，前提是都要交上份子錢。由於宴會的規模有些宏大，縣令還特意邀請蕭何做會計，幫他接收紅包。蕭何還幫他定了一個安排座次的標準：誰出了一千錢以上的份子錢就坐在堂上，不滿一千錢的就坐在堂下。要知道，當時的一千錢可以買一頭豬，一石魚，可想而知，花得起這個錢的定然都是有些身家的。

這樣的「豪門宴會」，身為沛縣亭長的劉邦當然要去露露臉，也蹭些吃喝。但是眾所周知，劉邦說白了就是當地一個混混，並沒有什麼錢，但是他卻裝模作樣，賀帖上寫的「份子錢一萬」，實際上沒帶一分錢。

呂公看到了劉邦的賀帖，頓時嚇了一跳，這一萬錢可以買九頭牛啊，這人出手這麼大方，一定是個豪爽的富家子弟，於是親自去門口迎接。出於習慣，呂公仔細端詳劉邦的相貌，心中大為震驚，此人相貌之富貴前所未有。

宴會過後，呂公就私下找到劉邦，說道：「我從小便愛替人看相，時至今日，我沒有看過一個人的面相能比得上你，希望你不要自暴自棄。我還有一個親生女兒，願意嫁給你，給你洗衣做飯，操持家務。」

　　呂公口中所說的「親生女兒」便是指的呂雉。根據史書記載，呂公就因為這事，回去之後還被夫人怒罵了一頓：「你一直覺得二女兒非同尋常，要替她找一個貴人。沛縣縣令跟你那麼好的交情，向你提出過娶她，你都沒有答應，怎麼就隨隨便便把她許配給了劉邦呢？」

　　呂公非常乾脆地回道：「這種事，你們婦道人家怎麼會懂！」於是乎，呂雉就嫁給了劉邦。

　　看看後來的歷史，不得不佩服呂公的眼光。當時劉邦一窮二白，又不是什麼豪門之後，竟能得到呂雉這樣的「大家閨秀」，確實得感謝呂公的先見之明。

　　劉邦娶了呂雉後，給他的人生路帶來了很多便利。早年劉邦為了逃避責罰，躲到芒、碭山之中，呂雉經常去探望他，還幫助劉邦策劃「赤帝之子斬蛇」、「東南有天子氣」等一系列提高劉邦名聲的事件。

　　後來建漢之後，呂雉又在劉邦清除異姓王的計劃中，起到了很大作用。

　　公元前 197 年，陳豨謀反，劉邦親自帶兵征討，呂雉留守長安。這段時間內，呂雉在蕭何等人的幫助下，用計擒殺淮陰侯韓信，為劉邦除去一個大隱患。其後梁王彭越被人告發，說其密謀反漢，劉邦抓到彭越之後，念其早年征戰有功，饒他不死，將其貶為庶民，發配蜀地。當時，呂雉進言道：「彭越是個有志之士，倘若放他去蜀地，是個禍害，不如殺了一了百了。」劉邦聞言，便殺了彭越，又為漢朝清除了一個隱患。

　　劉邦死後，十七歲的太子劉盈繼位，稱惠帝。但是他多病，不愛聽政，當了七年的傀儡皇帝，其實權力都操縱在呂雉手中。

呂雉實際統治漢朝達十六年之久，算是中國歷史上第一個女性實際掌權者。

　　呂后在其統治期間，一方面按照劉邦臨終遺言，重用蕭何、曹參、王陵、陳平等開國功臣，一方面又黨同伐異，清除了有礙她呂家勢力發展的功臣。晚年的呂雉怕劉邦的子孫欺凌呂氏後代，便大肆分封呂家的後代為王。這一行為違反了劉邦生前「非劉氏為王，天下共擊之」的禁令，又因為呂氏一族的擅權，讓劉氏的後裔和重臣元老感到不滿，呂后一死，周勃、陳平等人策劃控制了南北軍，將呂祿、呂產等呂氏族人一網打盡，恢復了劉漢統治。

　　至此，西漢開始趨於一個統一平穩時期。

文景之治與漢武尊儒

呂后生前，大肆屠殺劉姓王族後人，只有劉肥、劉恆和劉長逃脫毒手。其中，劉恆便是後來的漢文帝。劉恆和劉長之所以能逃脫呂后的毒手，恰恰是因為弱勢，母親都不被劉邦寵信，個人地位也不是很高，活得很低調。

在劉邦八個兒子中，劉恆是最不起眼的，貌不驚人，言不壓眾，看上去沉默淡定的樣子。劉恆的母親薄姬本是魏豹的一個小妾，魏豹被韓信打敗後，韓信將戰利品全都送給了劉邦，其中就有薄姬。薄姬頗有幾分姿色，劉邦見了，覺得可以收進後宮。薄姬進了劉邦後宮後，長久見不到劉邦的面。直到一個很偶然的機會才見到了劉邦，劉邦一時色起，寵倖了她，生下了劉恆。但是從此以後，劉邦再也沒理薄姬，薄倖一詞可能就是這麼來的。

這一次薄倖改變了歷史，沒有這次薄倖，就沒有後來的漢文帝。

漢文帝劉恆是一個好皇帝，也是一個城府很深的皇帝，他剛當皇帝，就連夜頒佈詔令，宣佈天下大赦。

文帝跟他老爸一樣，比較推崇黃

老之術，採取輕徭薄賦、休養生息的政策。漢文帝當政期間，多次減免稅收，最後將稅收減到三十分之一，遇到特別的年份，還全部減免。文帝的統治開創了一種古風，順應自然之道，這種事情自從夏禹之後就很少出現了。

在外交方面，文帝以和平與發展為主題，不輕易對周邊國家用兵，哪怕是敵對國家。和平的目的是為了讓老百姓過上安穩日子，好好發展農業，維持國家的穩定發展。

在個人生活方面，文帝非常簡樸，有時候穿的衣服還打補丁。這樣固然有作秀的嫌疑，但確實表明了一種治國的態度。

文帝執政二十三年，逐漸恢復了秦末戰爭造成的巨大破壞，人民生活水平得到了很大提高，更難得的是，文帝做到了藏富於民，沒有哄抬物價，綁架人民幸福。史載：「京師之錢累巨萬，貫朽而不可校。太倉之粟陳陳相因，充溢露積於外，至腐敗不可食。」到了景帝之時，國庫更加充實，老百姓更加富裕。國家糧倉裏面都堆不下了，新穀子壓着陳穀子，都堆到了倉外；國庫裏的銅錢，由於多年不用，繩子都爛了。

史家稱這段盛世為文景之治，這是中國封建王朝中出現的第一個盛世。景帝雖然繼承了文帝的黃老治國方針，但思想上跟父親有所不同，他身上的「無為成分」相對要少很多。在景帝時期，國家發生了吳楚七國之亂。這是由於景帝採用晁錯的主張，削奪諸侯王的封地，結果引發動亂。平息這次動亂之後，中央集權得到鞏固，無疑為後來漢武帝打下了集權的基礎。

從景帝開始，漢朝的治國方針逐漸發生偏移，漢武帝最終完成了這次轉型。

漢武帝獨尊儒術是因為清靜無為的黃老哲學已經無法滿足統

治的需要了。對漢武帝來說，統治的需要是什麼？很簡單，中央集權，唯我獨尊。漢武帝好大喜功，你讓他無為，絕對是行不通的。有人覺得漢武帝雄才大略，但有人不這麼認為，一般好大喜功的人很難真正做到雄才大略。雄才大略另一面可能就是勞民傷財，用別人的鮮血和付出成就他的面子，算不上什麼雄才大略。

董仲舒向漢武帝提出「罷黜百家，獨尊儒術」，漢武帝接受了。他接受並不是因為對孔子或儒家有什麼好感，只是儒術有助於他的封建獨裁統治。獨尊儒術說白了就是思想大一統，不允許再有其他思想了，一切按照這種模式思考。

儒家的君君臣臣、仁義禮智信都是維護封建統治穩定的良藥，固然維持了兩千年相對穩定的專制統治，但也導致了中國在新時期政治和思想轉型的困難。

張騫出使西域

　　公元前 141 年，景帝去世，十六歲的劉徹繼位，他便是中國歷史上「雄才大略」的漢武帝。

　　漢武帝小時候做過一件挺有趣的事，那便是「金屋藏嬌」。景帝還在位的時候，太子本不是劉徹，而是栗姬的兒子劉榮，後來因為栗姬得罪了景帝，劉榮被廢，之後劉徹才被立為太子。劉徹小時候很聰明，又討人喜歡，景帝的姐姐館陶長公主為了自己的政治目的，想自己的女兒阿嬌日後能當上皇后，便尋了個機會問劉徹：「這邊這麼多宮女，以後都給你做老婆好嗎？」

　　劉徹則搖頭不應。然後館陶長公主又問：「那把阿嬌嫁給你做妻子怎麼樣？」

　　劉徹面露喜色，答道：「好啊！我要造個金屋子把她藏起來！」後來經過館陶長公主數次懇求，景帝終於答應了這門親事。

　　漢武帝上臺之後，開始重視儒學，重用了一批像董仲舒之類的儒學家，罷黜了其他學派，獨尊儒術。其實，事實也不盡如此，漢武帝在崇尚儒學，施行仁義的同時，還加強法治，重用酷吏，說白了就是一個儒表法裏的統治者。

　　漢武帝的眾多成就之中，最值得矚目的便是抵抗匈奴的事業，其中除了與匈奴大規模的武力征戰之外，還有便是派張騫出使西域各國，試圖聯合各國共同出擊匈奴。

　　當時匈奴除了跟大漢王朝有着多年的恩怨之外，還有一個鮮為人知的王國也與匈奴有着不共戴天之仇，這便是月氏王國。早

年，月氏王國本來在河西走廊，首都為張掖（甘肅張掖），是一個比較有實力的大國。後來被匈奴汗國擊潰，國王的頭骨被冒頓單于的兒子當作了尿壺，後來舉國上下被迫西逃，最後在阿富汗以北的地區定居下來，定都藍市城（阿富汗瓦奇拉巴德）。

這件事被漢朝政府知道後，便想着與月氏王國取得聯繫，同仇敵愾，一同對抗匈奴。兩國相距甚遠，想要取得聯繫總得要有人出使月氏王國，與他們搭上線啊，於是中央政府就下達告示，徵求使臣，張騫便是此時自告奮勇前來應徵的。與此同時，還有一百多個和他一樣有勇氣的人，這些人帶着崇高的使命踏上了西去的征途。

從長安出發，到月氏王國，直線距離有三千餘公里，那時候出了金城（甘肅蘭州）便是匈奴汗國的範圍。在祁連山南麓又有殺人越貨的羌族部落，而且再往西就是傳説中恐怖的西域。相傳西域除了沙漠什麼都沒有，那裏寸草不生，在裏面走上一個月都看不到人煙，時不時還會颳起大風沙，讓人迷失方向。其中又沒有特定的道路，只能跟着前人的枯骨前行，確實是一個艱難無比的旅程。

張騫一行人運氣也算倒霉到家，進入河西走廊之後沒多久，就被匈奴汗國的巡邏部隊當成不法分子給抓住，拷問之下發現這幫人竟然是去找他們的老對手月氏王國，首領軍臣單于火冒三丈，怒道：「月氏王國在我們西邊，你們漢朝怎麼敢越過我們匈奴，去跟他們來往。要是我派使臣去南越王國（廣東廣州），你們漢朝政府會允許嗎？」

於是乎這幫人就被匈奴給扣下了，但是匈奴也沒有虐待他們，一方面敬佩這幫人敢闖敢拚的勇氣，另一方面也是想收買人

心，賞給他們每人一個匈奴女人做老婆，讓他們在匈奴住下來。迫於當時匈奴人的勢力，張騫等人只能隱忍不發，老老實實地在匈奴生活，偷偷地尋找逃跑的機會。

十年之後，匈奴放鬆了對張騫等人的監視，張騫便夥同他的同伴，找了個機會拋妻棄子，向西逃去，最後逃到了大宛王國（烏茲別克斯坦卡散賽城）境內，大宛人又將這一行人送到了康居王國（哈薩克斯坦）。最終，在康居人的指引下，張騫這一行人到達了月氏王國。

張騫原以為月氏王國一聽到有人願意和他們聯合進攻匈奴，肯定會欣然接受，怎料事實並非如此。月氏王國現在非常富有，好吃好喝，相較於之前在河西走廊的生活，別提有多舒服了。況且這一代的月氏國王是之前被匈奴所滅的國王的孫子，對爺爺的感情本來就很淡，所以，根本就沒有復仇的打算。

張騫在月氏王國住了些年，確定了月氏王國沒有合作之心之後，失望而歸，怎料在歸途中又被匈奴給抓住，再次失去了人身自由。公元前 126 年，張騫再度準備逃跑，這次他的妻子聽到風聲之後，連忙帶着兩個兒子緊隨其後，但是由於追兵逼近，張騫最後只搶到一個兒子，妻子和另一個兒子就此與他離別。

時隔十二年，張騫回到了長安，當初出行之時有一百多人，如今卻只有兩人，不得不說這一行有多麼險惡。雖然這次出行張騫並沒有達到預期的政治目的，但是他發現了一片比當時中國領土還要大的世界，他的貢獻，只有後世的哥倫布發現新大陸才能與之相提並論。張騫還發現，大夏王國（阿富汗東北部）有漢朝蜀郡出產的布疋、竹子，一問得知，他們是從身毒王國（印度）買的，以此推斷，既然商品可以通過身毒王國流通，那麼人馬定

然也可以通過，這樣以後去西域，不用再冒着被匈奴扣留的危險，從蜀郡出發去西域就安全多了。當張騫把這個推斷告訴漢武帝之後，得到了漢武帝的大力支持，漢朝開始加強了對「西南夷」的開拓。

公元前 121 年，匈奴汗國的渾邪王投降，河西走廊這一片劃進了中國的領土，中國跟西域開始了直接接觸。張騫此時又向漢武帝提出，跟西邊的烏孫王國（吉爾吉斯斯坦伊什提克）結盟。因為烏孫王國之前和月氏王國同在河西走廊，後來遭到了月氏王國的驅逐才西遷，成了一個橫跨伊犁河的大國。相較於月氏王國，烏孫王國對匈奴更有威脅，只要能邀烏孫王國東遷，回到河西走廊，就能大大限制匈奴汗國的威脅。

張騫這次又滿載着希望啟程，只是跟第一次西行一樣，又失望而歸。烏孫王國表現很是冷淡，一方面他們並不知道漢王朝的實力怎樣，另一方面他們也怕遭到匈奴的攻擊，所以並沒有給出滿意的答覆，張騫只能失望而歸。但是這次張騫歸來的時候做了兩件事：一是派他的下屬分別去康居、月氏、大夏、安息等國，宣揚國威；二是邀請了烏孫王國的使者跟他一同回國訪問。

張騫回國之後於公元前 114 年逝世，但是他派到各國

張騫出使西域

的使者都不負使命，帶着各國的使者團前來中國訪問，抵達了長安。至此之後，中國與西域諸國的交往日益頻繁。其中烏孫王國的使者見到漢朝的富有強大之後，大為震驚，雖然他們並沒有東遷，但是表示願意臣服於漢朝。當然，漢朝那時候已經在河西走廊設置了四個郡，也不想他們東遷。

張騫窮其一生開通的道路，被後人稱為絲綢之路，他打通了中西部的交通路線，為後世的發展做出了重大貢獻。

漢成帝暴死溫柔鄉

在經歷過漢宣帝劉詢「昭宣中興」之後，西漢王朝開始逐漸衰敗，皇權開始受到外戚的威脅，逐漸收縮，貴族、地主階級開始大肆兼併土地，廣大農民紛紛失去土地，淪為流民。

當時中國歷史上又出現一個荒淫無度的帝王，他便是漢成帝劉驁。劉驁小時候就很喜歡吃喝玩樂，很不討漢元帝的喜歡，但是由於漢宣帝尚在，並且非常溺愛劉驁，漢元帝也就不能再說什麼。

為什麼劉驁能得漢宣帝寵愛呢？這就不得不說劉驁是個演戲的高手。他表面上總是儀表堂堂，在大臣面前也總是擺出一副嚴肅的面容，登車巡察的時候總是抬頭挺胸，目不斜視，閉口不語，讓人看了就心存敬畏。這樣一看確實有了聖明天子的架勢，但是樣子能裝出來，才能和本質卻是裝不出來的。

據史書記載，漢成帝是一個治國無能，並且非常荒淫的人。早在他還是太子的時候，在宮中看到宮女，就會跟狼見到羊一樣撲過去。他上位之後，第一件事就是為他的後宮擴充隊伍。

漢成帝的皇后是平恩侯許嘉的女兒，生的一兒一女都先後夭折，後來皇后年老色衰，漢成帝便開始寵倖東漢史學家班固的姑祖母班婕妤。班婕妤不負眾望，很快便懷上了孩子，只是沒多久就流產了。漢成帝不光好女色，還偏好男風，喜歡搞同性戀，當時最得勢的男寵就是張安世的後人張放。

據說這張放長得很像女人，其實就是小白臉，成帝召他入宮

之後，將其當女人一樣玩弄。張放得到了成帝的歡心，成帝給了很多賞賜，還經常帶張放微服出遊，在長安城中鬥雞走馬。他們每次出遊都以「富平侯家人」自居，張放則稱「張公子」，久而久之，京城的童謠之中就有了這麼一段：「燕燕，尾涎涎，張公子，時相見。木門倉琅根，燕飛來，啄皇孫。皇孫死，燕啄矢。」這前半段說的就是成帝和張放之間的事，後半段就要再提一個人，那便是趙飛燕。

趙飛燕原本是陽阿公主的侍女，相傳她體態纖瘦，風姿綽約，跳起舞來婀娜多姿，非常好看。後來有個成語叫「燕瘦環肥」，其中「燕瘦」說的就是趙飛燕。有一次，成帝到陽阿公主家中飲酒作樂，不經意間就被這人間尤物給深深吸引，便跟陽阿公主將這侍女討了回去，封為妃子，整日與其淫樂。但是後宮外戚勢力林立，趙飛燕為了能夠不落下風，便又將自己的胞妹趙合德也介紹給了成帝，成帝聽說趙合德生得美豔動人，傾國傾城，便欣喜地將趙合德接進宮，封為妃子。

漢宣帝

在趙氏姐妹倆的輪番迎合之下，成帝對國家政事不聞不問，整日泡在溫柔鄉裏。後來又在趙氏姐妹倆的慫恿之下，廢了許皇后，冊封趙飛燕為皇后，封趙合德為昭儀。早前昭陽宮並不像未央宮、甘泉宮那樣為人所重視，但是當趙氏姐妹住進去之後，由於成帝臨倖頻

繁，昭陽宮隨即廣為人知。

前文中提到歌謠的後半段有「燕飛來，啄皇孫」，其實就是後面所要說的趙飛燕謀害皇子的事。

可能是成帝荒淫過度，體虛非常，也可能是後宮之中宮人的肚子不爭氣，成帝一直都沒有子嗣。在古代，皇帝沒有子嗣是很嚴重的政治問題，而趙飛燕知道自己有一天也會年老色衰，為了不重蹈許皇后的覆轍，趙飛燕就想盡法子想懷上孩子。她私下裏開始和侍郎、宮奴多人通姦，希望能以此懷孕，但是沒有效果，還被很多人拿了口實，這些人就以此向成帝告狀。

成帝此時已經完全沉浸在趙氏姐妹的溫柔鄉之中，對她們是言聽計從，為了不讓成帝聽到這些傳言，趙合德便對成帝說：「姐姐性格剛烈，得罪了很多人，要是這些人在陛下面前誣陷我們，我們趙家就完了。」

看着趙合德楚楚可憐的樣子，成帝當即就好言撫慰，並表示絕對不會相信傳言，還下令，不管誰來告密，說的是真是假，都一律處斬。從此以後便無人再敢告密，而趙飛燕也更加肆無忌憚，找了更多的男人胡搞一氣。為了不讓別的妃子、宮人在自己前面生下皇子，趙飛燕對這些懷了孕的人都殘忍地迫害，仗着成帝對自己的寵愛，還逼着成帝兩度殺死自己的皇子，可以看出成帝色迷心竅到了什麼地步。

當然，趙家姐妹做了如此荒誕之事，下場必然也好不到哪裏去。公元前 7 年 3 月的一天，成帝駕崩在趙合德的牀上，據史書說成帝死的時候精液流瀉不止，沾污被褥。為此大臣們將罪責全部歸咎於趙氏姐妹，認為是她們使成帝縱慾過度，喪盡元氣致死。在朝廷上下一片聲討中，趙氏姐妹被迫選擇自殺。

王莽發跡史

　　王莽（公元前 45 年—公元 23 年）是西漢末年掌握帝國政權的王氏家族的一員。王家的發跡始於漢元帝的皇后王政君，也就是王莽的姑姑。她侍奉過宣帝、元帝、成帝、哀帝、平帝、孺子嬰六位西漢的皇帝和準皇帝，一直活到王莽代漢和建立新朝。正是在她的提攜下，王家一門九侯、五大司馬，顯赫到了極點。從她的兒子成帝時起，帝國的政權長期掌握在王家手中。

　　王莽由於父兄早逝，在王家屬於沒落的一支。但他勤奮學習儒家經典，孝順老母，照顧寡嫂和姪子，以一個標準的儒生形象贏得了族人和社會的認可。他擔任大司馬（掌握帝國軍政實權）的伯父王鳳病重，王莽衣不解帶地在病榻前侍奉，搞得自己蓬頭垢面、容顏憔悴。臨終前，王鳳將他託付給太后王政君和成帝，王莽由此步入仕途。

　　此後，王莽的仕途一帆風順，三十歲的時候受封為新都侯。雖然地位不斷上升，但王莽仍然保持恭敬、簡樸的作風，自律很嚴，工作上恪盡職守，禮賢下士，對待有名的儒士慷慨大方、樂善好施，贏得了更加廣泛的讚譽。

　　公元前 8 年，王莽的叔父擔任大司馬的王根病重。王莽和他的表兄弟淳于長成為接任大司馬的熱門人選。淳于長當時位列九卿之一的衛尉，權位更勝王莽一籌。所以，王莽要想登上輔政大臣的高位、繼任大司馬，找到施展自己平生抱負的舞臺，就必須扳倒這個強有力的競爭對手。

於是，王莽藉侍奉王根的機會，將淳于長私下封官許願，就等着王根死後接班的事情揭露了出來。王根大為震怒，淳于長先是被免官，後被治罪，死於獄中。説是機智果斷也好，幸運也好，或者是他平時給人們留下的嚴肅正直的形象讓他説的話不容置疑，不管怎樣，王莽如願地繼任為大司馬。

就在王莽躊躇滿志地要施展自己理想抱負的時候，公元前 7 年，漢成帝去世了。由於漢成帝沒有子嗣，就由他同父異母兄弟的兒子劉欣繼位，是為漢哀帝。很快，哀帝的外戚集團湧入朝廷，王莽明智地讓出了權位。但那些想討好哀帝外戚集團的人並不打算就此放過王莽，最後，王莽被遣返回了自己的封國，落入政治生涯的低谷。

在河南南陽封地的幾年時間裏，王莽韜光養晦、閉門謝客，等待着東山再起的機會，同時也是為了避免樹大招風，引起哀帝外戚集團的猜忌，招來殺身之禍。

王莽

哀帝的祖母傅太后和母親丁太后相繼去世，哀帝外戚集團失去了靈魂人物。在輿論的壓力下，哀帝被迫將王莽召回了長安。公元前 1 年，哀帝去世，在太后王政君的支持下，王莽重新登上了大司馬的高位，掌握了帝國的大權。

再次掌權的王莽首先以鐵腕手段清除了哀帝外戚集團的成員以及哀帝的同

性戀夥伴、佞臣董賢的親友，將他們罷官的罷官，流放的流放。就連繼位的平帝的外戚都受到嚴密的監控，平帝的母親甚至被軟禁在封地，母子不能相見。王莽的權勢和威望如日中天，受到朝野上下的一致擁戴。

在公卿大臣、儒生、官吏百姓的強烈要求下，王莽先是被授予「安漢公」的稱號，因為他安定了漢室，功勞和品德可與周公相比，周公以周朝國號為自己的稱號，王莽也應獲得這樣的榮耀。

人們對王莽的狂熱崇拜和神化隨着王莽地位的提高繼續高漲，在他們看來，只有王莽這樣品德高尚的聖人才能拯救西漢末年的社會危機，開創國泰民安的太平盛世。而王莽作為一個儒生，也以實現天下大同為己任。

在授予王莽安漢公稱號之後，人們又要求給王莽一個前無古人的官職 ——「宰衡」，這是商朝伊尹的「阿衡」與周朝周公的「太宰」兩個官職的合用。現在，王莽的德行和功業已經「超越」了伊尹和周公，他被耀眼的光環籠罩着，所有的人都感到目眩神迷，連他自己也飄飄然了。

這時，加封王莽的呼聲再次高漲起來。人們要求為王莽加九錫 —— 這是九種至高無上的賞賜，後來就成為了皇位禪讓的前奏。公元 5 年，年幼的漢平帝被王莽毒死，繼位的孺子嬰只有兩歲。就在這個時候，天降符命，讓王莽做皇帝。在太后王政君的堅決反對下，王莽未能如願，而是過渡性地當上了「假（代理）皇帝」。

公元 8 年，一個叫哀章的太學生用一隻銅箱子裝着神祕的符命，送到了漢高祖劉邦的祭廟裏。符命的內容是漢高祖劉邦要把

漢室江山傳給王莽。對於這份厚禮，王莽當然不會推辭，連忙笑納了。公元 9 年，王莽正式登基，取代漢朝，建立新朝。

登上帝位的王莽開始迫不及待地推行他的改革計劃，最主要的是王田制 —— 土地國有，平均分配；改奴婢為私屬，禁止買賣；實行五均六管 —— 由政府管制重要行業和財源，干預物價；改革幣制，更改官名、爵名、地名、人名等。

此時的王莽表現出他書呆子的一面，這些改革措施都是來自書本或者傳説中的古制，脫離了當時的社會實際。雖然改革的初衷是好的，但這種急躁冒進、食古不化的改革非但沒有促進社會的安定繁榮，反而導致天下大亂、民不聊生。再加上邊患四起、天災不斷，王莽和他的政權逐漸走入了絕境。

綠林赤眉：新朝掘墓人

　　新朝後期，由於王莽所建立的社會制度與當時社會形勢的極其不協調，加上當時天災橫行，農民紛紛起義，各地老百姓都被迫起義反抗官軍。

　　公元 17 年，南方的荊州開始鬧饑荒，老百姓就跑到野地去挖野菜充飢，由於當時的難民實在太多，野菜被瘋搶，老百姓之間還大打出手。當時有兩個很有名望的人，一個叫王匡，另一個叫王鳳，這兩人便出來給農民調解，由於他們處理得當，很得當地民眾的擁護，於是大家就將他們推舉為首領。

　　王匡、王鳳兩人的目的並非只是解決「野菜糾紛」那麼簡單，他們將這批難民組織起來，還收容了一些逃亡的犯人，隊伍一下子擴大了。王匡、王鳳帶着這幫飢民佔領了綠林山（湖北大洪山），以此為根據地，對附近的政府機構採取武裝攻擊，沒過幾個月，回應的人越來越多，這支起義軍也順勢發展到了七八千人。由於根據地在綠林山，對外便稱綠林軍。

　　這些消息傳到王莽的耳中，王莽大為震怒，派了兩萬官兵前去圍剿，怎料大敗而歸。綠林軍藉着高昂的士氣，又攻陷了幾個縣城，打開糧倉，將一部分糧食分給了當地的窮人，另一部分作為了綠林軍的軍糧，搬回了綠林山。為此，來投奔綠林軍的窮苦人越來越多，起義軍也增加到了五萬多。

　　到了第二年，綠林山上開始流行疾病，死了兩萬多人。剩下的人沒辦法，兵分三路離開了綠林山。這三路兵馬分別是新市

兵、平林兵和下江兵。

隨後，東邊的起義軍也開始壯大起來。當時琅琊（山東諸城）有個呂大娘，她的兒子是海曲縣（山東日照）的一個小官差，因為心地善良，不肯聽從縣官的命令毒打沒錢交稅的窮人，被縣官殺害。在呂大娘的血債面前，眾多平民群情激憤，要為呂大娘的兒子報仇。於是眾人便殺了縣官，跟隨呂大娘逃到了黃海之上，跟岸上的官兵打起了遊擊戰。

就在這時，另一個起義軍的首領樊崇帶着幾百人佔領了泰山。這樊崇的起義軍很講紀律，他規定誰要是殺死了老百姓就要被處死，誰要是無故傷害老百姓就得受到責罰。呂大娘死後，跟隨她的那些起義軍聽說了樊崇的賢明，便來投靠他。樊崇的義軍發展迅速，很快發展到了上萬人，一直打到了泰山郡（山東泰安），在青州（山東中部）和徐州（江蘇北部）之間狙擊官軍。

公元 22 年，眼見着樊崇的勢力越來越大，王莽便派太師王匡（與綠林軍中帶頭人同名而已）和將軍廉丹帶了十幾萬大軍，準備將樊崇的起義軍一舉殲滅。怎料樊崇早就做好了準備，兩軍相接之後大打出手。

由於當時樊崇的起義軍條件比較差，並沒有統一的軍備，為了避免起義軍的士兵和王莽的士兵混淆，樊崇讓他的士兵都在自己的眉毛上塗上紅色染料，以作識別，這便是赤眉軍的由來。這一仗充分展示了民心所向的威力，裝備精良的十幾萬正規官軍竟然被起義軍打敗，太師王匡大腿被樊崇一槍扎傷，負傷而歸；將軍廉丹在亂軍之中戰死。只此一戰，赤眉軍威名顯揚，又壯大到了十多萬人。

至此，新朝開始分崩離析，天下大亂即將到來。

光武帝：天下本姓劉

　　綠林軍起義至今，已經發展成規模龐大的武裝組織，但是由於開始組織的時候並沒有嚴格的紀律性，所以赤眉軍的將領迫切希望這樣一個龐大的組織能有一個統一的政權。在漢武帝之後，君權神授的儒家思想深入人心，所以選擇劉氏後裔做皇帝成為大家的共同看法。

　　最後經過多方勢力的商討，綠林軍審時度勢，尊崇少數服從多數的原則，選擇西漢皇室後裔劉玄為帝。公元 23 年，劉玄登基，稱漢，年號為更始。當然，做皇帝並不是這麼輕鬆，尤其是亂世中的皇帝，隨時都要提防着身邊對自己有威脅的人。對劉玄來說，最大的威脅就是劉縯、劉秀兄弟倆。

　　劉秀是南陽蔡陽（湖北棗陽）人，是漢高祖劉邦的九世孫。劉秀少年喪父，被叔父劉良收養。雖然王莽稱帝之後，禁止劉氏後裔為官，但是劉良還是在這個小地方混了個一官半職，家裏還頗有些資產。劉秀的哥哥劉縯就非常會利用資源，他用這些資產豢養了一大幫打手，在當地搞得風風火火。

　　劉秀不像他哥哥，而是一心經營農業。為此，劉縯還經常嘲笑劉秀，說他跟漢高祖的哥哥劉仲一樣，沒有抱負。劉秀到底有沒有抱負呢？答案是有的。劉秀後來奔赴京城長安向中大夫許子威求學，喜歡上了當時新野有名的美女陰麗華。他見到當時長安手持金吾的官員儀仗隊，感慨道：「做官要做執金吾這個檔次，娶妻應娶陰麗華！」

其後，各地起義軍興起之後，新野的大商人李通開始聯絡南陽的劉氏後裔起兵，派自己的堂弟李鐵去將劉秀從宛縣接到新野，為其分析天下形勢，並引述「劉氏復起，李氏為輔」的讖言，想要劉秀趁此良機起兵造反，一舉奪得天下。

隨後，劉秀被李通說服，帶着一幫人在宛縣舉兵，開始的時候由於經濟原因，劉秀連一匹馬都買不起，還是騎在牛上衝鋒陷陣。起兵之後，劉秀帶領眾人回到了家鄉秦陵。與此同時，劉家宗室的另一個後裔劉越也起兵造反，但是劉氏的後裔都害怕兵敗責罰，紛紛躲避徵召，後來見到劉秀穿戴工整前去應召起義，眾人都驚訝道：「連劉秀這樣忠厚謹慎的人都參加起義，我們還有什麼好怕的。」於是眾人也都放心而去。

劉秀帶軍起義之後，捷戰連連，劉玄稱帝之後，拜劉縯為大司徒，劉秀為偏將軍。王莽知道劉玄稱帝之後，又是氣憤，又是恐懼，連忙派遣于尋、于邑率軍百萬，前去與劉縯諸軍等決一死戰。王莽的大軍聲勢浩大，連綿數百里，軍中還有虎、豹、犀、象等猛獸，給軍士壯膽。

劉秀見到王莽大軍士氣銳不可當，被迫退保昆陽。當時昆陽的軍隊有八九千人，守城的將領覺得以少勝多很難取勝，怕到時候城破之

漢光武帝

後家人會遭到牽連，便都打算棄城逃跑。此時劉秀便對眾人說：「我們雖然兵糧匱乏，敵軍雖然強大，但是只要大家合力抵抗，取得勝利還是有希望的；倘若大家四散逃跑，到時候敵軍勢必會各個擊破。況且現在劉縯還在進攻宛城，根本來不及回救，這裏一旦失守的話，各路起義軍都會有危險，難道你們當初想建功立業，現在都只想保住親人財產了嗎？」

這番話說得確實慷慨激昂，但是換來的卻是各個將領惱怒的一句：「劉將軍怎麼敢說這樣的話！」劉秀無奈，只能含笑起身，閉口不言。

後來王莽大軍逼近昆陽城北，城內的守將都急得跟熱鍋上的螞蟻，無奈之下，眾人只能又請出劉秀，接受了劉秀的提議：王鳳、王嘗等人留守城中，自己則帶領李鐵等十二騎趁夜衝出重圍，尋求援兵。

劉秀等人求得援兵之後，迅速與援軍一同回到了昆陽，與王莽大軍開戰。劉秀英勇非常，連取數十個敵軍首級，其他將領笑讚道：「劉將軍平時見到弱小的敵人，總是一副很害怕的樣子，現在遇到強大的敵人，反而如此勇敢，真是令人驚異。」於是這些將士士氣大增，與劉秀一同奮勇殺敵。

劉秀軍節節勝利，越戰越勇，到最後無不是以一當百。決戰之時，雷聲大震，狂風驟起，暴雨傾瀉而下，王莽軍中的那些虎豹等猛獸嚇得發抖，士卒奪路而逃，可想而知劉秀軍為何能一舉憑藉幾千兵馬而戰勝王莽幾萬的軍隊，除了人和，天時也很關鍵。

昆陽大捷之後，王莽主力軍基本覆滅，政權也岌岌可危。正當劉秀凱旋，幻想着能夠評功封賞的時候，更始帝劉玄在李鐵等

人的唆使之下，殺死了當時很有威望的劉縯，作為劉縯的弟弟，劉秀自然也受到了猜疑。

但是，相對於劉縯鋒芒畢露的性格，劉秀性格則內斂沉着。他得知劉縯被處死的消息，立刻起身去宛城，向更始帝謝罪，絕口不提昆陽的功績，一味檢討自己的過錯，也不為劉縯服喪。為了讓更始帝更為放心，他還懷着複雜的心情在宛城裏迎娶了他多少年來夢寐以求的陰麗華。劉縯 5 月被處死，6 月劉秀就將陰麗華娶進門，這樣的行為在當時來說是違反道德的一件事，但是對於劉秀來說，只怕是「明哲保身」的最好辦法。

劉秀這一系列舉動果然贏得了更始帝的信任，甚至讓更始帝羞愧自責，為了彌補自己的愧疚，他封劉秀為武信侯，任征虜大將軍。當然，劉秀並不是那種冷血無情的動物，對於哥哥劉縯的死，劉秀還是非常傷心的。每當他獨自一人的時候，從不喝酒吃肉，枕席之上全都是淚痕。

王莽在長安被殺之後，更始帝定都洛陽，遣劉秀以征虜大將軍的名義去各處考察。劉秀所到之處，廢除王莽時期的苛政，恢復漢朝的官吏名稱，種種舉措，深得人心。後來各地劉氏宗親爭相立王，更始帝又派劉秀為其四方征討。

劉秀在河北稱雄的時候，更始帝怕劉秀有了異心，便派人去封劉秀為蕭王，迅速返回長安。劉秀早已今非昔比，如今兵強馬壯，威望又高，怎麼會甘願為人所制，便借口河北還沒有平復，拒絕西歸。此時的劉秀，早已和更始帝政權分道揚鑣，開始着手謀劃天下。

劉秀大刀闊斧地在河北幹了起來，先是與佔據河北郡的銅馬、由來等農民軍激戰，大勝之後，將數十萬的銅馬農民軍收

編到自己的軍中，實力大增，關中人都稱劉秀為「銅馬帝」。此時的劉秀是要兵馬有兵馬，要聲望有聲望，最終在眾人的推崇之下，於公元 25 年在鄗城（河北柏鄉）登基，稱光武帝，設置文武百官。同年 10 月，定都洛陽，建立了東漢王朝。

公元 27 年，光武帝御駕親征關中，降服了數十萬的赤眉軍，將各地的割據勢力紛紛剿滅，又一次完成了統一中國的大業。

投筆從戎的班超

公元前 57 年，光武帝的第四個兒子，30 歲的劉莊繼位，稱漢明帝。

東漢時，因為中國內部陷入混戰，西部邊疆地區無力再顧及，莎車王國（新疆莎車）便趁此機會，用武力大肆侵略西域各國。早年中國統治下的西域各國紛紛向東漢政府發出求救信，將他們的王子送到洛陽做人質，希望東漢政府派出將官，帶軍前來幫忙。

但是東漢政府由於剛從之前建國的混戰之中緩過氣來，人力和物力都尚未恢復元氣，況且北方匈奴汗國還在虎視眈眈，哪有工夫去管他們呢！其中鄯善（新疆若羌）王國的國王便警告說：「漢皇要是不派遣將官，我們無法抵抗莎車，就只能請求匈奴汗國的保護了。」

東漢政府很淡然地回道：「我們實在沒啥多餘的力量去幫助你們了，你們還是自行決定吧。」無奈，各國只能向匈奴臣服。

到了明帝時期，中國歷史上又出現了一位像張騫一樣的有志之士，他便是班超。

班超

　　公元 62 年，班超在兄弟班固的推薦下，進入朝廷的校書部，班超便和母親一起移居洛陽。班超的家境並不寬裕，為此，班超常常受僱於官府，做些抄抄寫寫的活，用來賺取家用，贍養老母。

　　抄書雖然是個小活，但是班超抄得非常認真，也很辛苦，他還感慨道：「大丈夫就算沒有遠大的志向，至少也得像傅介子、張騫那樣立功於異域，獲取封侯，怎麼能永久做一個抄書的人？」周圍的人聽後，都認為班超好高騖遠，口出狂言，都譏笑他。班超不以為然道：「小人怎知壯士之志？」說這話的時候，班超頗有陳勝當年「燕雀安知鴻鵠之志」的氣概。

　　後來班超遇到一位看相的人，那人給班超看相之後，稱班超日後定將在萬里之外封侯。不久之後，漢明帝心血來潮，問班固：「你弟弟是做什麼的？」

　　班固老實回答：「為官府抄書。」

　　明帝聽後，便任命班超為蘭臺令史，不久，班超因為犯錯被罷官。公元 73 年，奉車都尉竇固準備出擊匈奴，班超就任假司馬，帶軍進攻伊吾（新疆哈密），班超軍事才能漸漸顯現出來，斬獲頗豐。竇固見班超如此驍勇，也非常賞識，便派他與郭恂一起出使西域。

　　班超到了鄯善之後，鑒於西漢之前給他們留下的強勢印象，班超一行所受到的待遇還是很好的，但是過了些日子，鄯善國的態度變得非常冷淡。班超思前想後，覺得很不對勁，便對下屬說：「你們是否覺得鄯善王的態度變得非常突然？我估計是匈奴的使者到了，現在鄯善王正在考慮站在哪一方。」

　　於是，班超就將鄯善的招待官叫來，詐問道：「匈奴的使者

已到多日，現在他們在什麼地方？」冷不丁地聽班超這樣問，招待官以為班超已經知道匈奴使者的事，便一五一十地將匈奴到達的情況如實告訴了班超。

班超聽完後，先是將鄯善的招待官軟禁起來，然後找來了手下二十六名官員，也不說明什麼情況，一眾人開始喝酒。酒到酣處，班超突然一改笑臉，憤怒地說道：「各位與我都在這偏遠外鄉，想要建功立業，求得富貴，然而現在卻性命不保。」大家問為什麼，班超告訴他們匈奴使者來這裏已經有好幾天了，班超說：「匈奴使者來了沒幾天，鄯善王就對我們冷淡非常，如果鄯善王再將我們送給匈奴，我們就必死無疑，你們說，現在該怎麼辦？」

可能也是藉着酒勁，眾人激動道：「如今我們處境危急，一切聽從司馬（班超）的調遣。」班超要的就是這樣的效果，他接着說道：「不入虎穴，焉得虎子，今晚我們就趁着夜色，用火攻擊匈奴使者，他們也不會知道我們人數多少，必然很恐懼，我們可以趁此將其一網打盡。只要匈奴使者被消滅了，鄯善王就會非常害怕，必然只能依靠我們，那麼，我們的計劃就成功了。」眾人聽完後，都點頭稱好，但是都提議與郭恂商量一下。班超認為郭恂是文官，聽到這個計劃之後肯定會害怕，到時候走漏了風聲就不好，所以拒絕告訴他。

月黑風高夜，班超帶着下屬官員準備行動。眾人之中有十人帶着鼓，躲到了匈奴使者的屋後。其他人手持兵器，埋伏在營門兩側。班超藉着風勢縱火，見到火起，屋後的眾人一邊吶喊一邊擊鼓。匈奴使者頓時嚇得不知所措，毫無戰鬥力。班超一人殺死了三人，其餘官吏殺了三十餘人，剩下的一百多個匈奴都被大火

燒死。

　　第二天早上，班超將這件事告訴了郭恂，郭恂聽後先是非常驚訝，後來又非常生氣。班超又怎麼會不知道郭恂的心思，笑道：「您雖然沒有與我們一起行動，但是我不會一個人貪功的。」郭恂聽到這樣的話，這才安靜下來。

　　隨後，班超見了鄯善王，將匈奴的頭顱拿給他看，鄯善王大驚。班超趁此機會加以招撫，事情到了這個地步，鄯善王只好把自己的兒子送到長安做人質。班超歸國之後，竇固非常高興，將班超的功績上報給朝廷，並請另派使者出使西域。漢帝非常讚許班超，下詔說：「有了班超這樣的官員，為什麼要另選使者呢？現在任命班超為軍司馬，再赴西域。」

　　於是班超便整裝待發，開始第二次出使西域的使命。竇固想要增強班超兵力，班超卻說：「上次隨我西行的三十多個人，就已經足夠了。要是真的遭遇什麼不測，人多了反而不好。」

　　班超第二次出使西域，憑藉過人的膽識，非凡的謀略，在西域戰功赫赫。公元 87 年，班超帶着于闐各國兵士兩萬五千人，進攻莎車。龜茲王派兵五萬，前去支援莎車。班超知道自己兵力處於劣勢，便假裝分散撤軍。龜茲王見敵軍還沒開打就四散而逃，開始得意忘形，分兵準備堵截。怎料這就是班超的計謀，班超見龜茲王中計，立刻集中兵力，先破莎車營地，追殺五千餘人。莎車國無奈，被迫投降。龜茲王無奈，也只能和各援助國罷兵而歸。只此一戰，班超在西域威名遠揚。

　　其後班超又以少勝多大敗月氏王國，龜茲、姑墨、溫宿等國都懾於班超的驍勇，全部向東漢投降。至此，班超被朝廷封為西域都護。其後，班超與司馬姚光共同給龜茲施壓，要求他們廢

掉不聽話的國王尤利多，立白霸為王。至此之後，西域除了像焉耆、危須這樣的小國之外，統統都臣服於東漢。

公元 94 年，班超討平焉耆，西域五十多個國家都向東漢派出了人質，漢和帝為了表彰班超的功績，封其為定遠侯，食邑千戶。

公元 100 年，班超因為常年駐守西域，晚年開始思念故土，便上書漢和帝，希望能回國。班超的妹妹班昭也上書為班超求情。漢和帝最終被班氏兄妹感動，允許班超回洛陽，官拜射聲校尉。班超一直患有胸疾，回國之後病情加重，最終不治身亡，享年七十一歲，出使西域前後三十一年，為東漢平定西域做出了傑出的貢獻。班超死後，其子班勇子承父業，繼續為東漢穩定邊疆事業而奮鬥。

發明家蔡倫與張衡

　　東漢時期是中國歷史上科技發展比較蓬勃的一個時代，其中有四大發明之一的造紙術，還有當時世界領先的渾天儀和地動儀，前者是由東漢宦官蔡倫改造發明，後者則出自東漢著名天文學家、文學家、數學家、製圖學家張衡的手中。

　　並不是所有的宦官都一無是處，蔡倫的例子證明了宦官也可以很有用，也可以是一個發明家。我們不妨來了解一下宦官制度。

　　宦官最早發源於西周部落，後來周部落滅掉商王朝建立周朝之後，宦官就演變成一種制度，成為中國傳統文化不可分割的一部分。在隨後的三千多年中，宦官的身影頻繁地出現在歷史舞臺上，直到辛亥革命推翻帝制，宦官這種反人道的制度才被取消。

　　蔡倫出生在穀米之鄉的耒陽，是普通農民家的孩子，從小便跟着父輩在田裏忙活，非常勤勞，外加蔡倫非常聰明伶俐，所以很討人喜歡。

　　漢章帝劉旭即位之後，經常派人到各郡縣去挑選幼童入宮做太監。公元 75 年，年僅 15 歲的蔡倫被選進宮。他進宮之後藉機讀書識字，非常好學。一年之後被任小黃門，也就是宦官中一種低職務的官，即便如此，對年紀輕輕的蔡倫來說，也是非常不容易的。

　　其後不久，蔡倫升為黃門侍郎，就是掌管宮內外公事的傳達，或者領導諸王的覲見等事務。當時正逢竇太后沒有兒子，

便指使蔡倫以誣陷漢章帝的妃子宋貴人搞旁門左道，圖謀不軌，令其自殺。宋貴人所生的太子也被貶為了清河王。後來十歲的漢和帝登基，竇太后得勢，開始聽政，蔡倫也因此水漲船高，被提拔為中常侍，輔佐幼帝，參與國家機密大事，地位跟九卿平等。

公元 97 年，竇太后死，漢和帝親政，隨後不久便立鄧綏為皇后。蔡倫審時度勢，當即投靠鄧皇后。鄧綏是個喜歡舞文弄墨的女子，蔡倫投其所好，故意屈身擔任尚方令，管理宮中御用器物和手工作坊。沒想到這樣一來，蔡倫竟然歪打正着地成了影響後世的發明家。

早前商朝時期，先民就在龜殼和獸骨上刻寫文字，後世稱其為甲骨文。到了春秋時期，人們便用竹片和木板代替龜甲，稱之為竹簡。但是竹簡非常笨重，不易攜帶，使用起來也不方便。戰國時期的思想家惠施外出講學的時候，單單書簡就裝了五車，這就是學富五車這個成語的由來。到了西漢時期，宮廷開始用絹帛寫字，相較於竹簡，帛確實便於攜帶，並且還能在上面畫畫，可惜造價過於昂貴，很難普及，只有王公貴族才用得起。

蔡倫

關於紙的起源。很多歷史學家都認為是蔡倫發明的，但是根據後來出土的文物證明，早在蔡倫之前，中國歷史上便已經

128

有紙出現了，不過那時還比較粗糙。蔡倫為了能夠討得鄧綏的歡心，他認真總結前人造紙的經驗，將造紙的原料擴大，用樹皮、破漁網、麻頭等材料，通過切斷、漚煮、漂洗、舂搗、簾抄、乾燥等步驟製成適合書寫的植物纖維紙，改進了之前的造紙術。

公元 105 年，蔡倫將他製造出來的第一批優質紙獻給了漢和帝，漢和帝用後，大為讚賞，通令天下使用。後來蔡倫被封為「龍亭侯」，蔡倫發明的紙也被稱作「蔡侯紙」，蔡倫本人從一個宦官邁入了貴族的行列。後來造紙術經過朝鮮傳到了日本。到了八世紀中葉，又傳到阿拉伯，直到十二世紀，歐洲才開始效仿中國製紙的方法，開設造紙廠。蔡倫的發明對世界產生了深遠的影響。

張衡也是東漢時期的人，出身於貴族之家。張衡年輕的時候文章寫得非常好，後來去京城遊歷，在洛陽太學求學，五經六藝，樣樣精通。張衡才華橫溢，性情淡泊，毫無驕躁之氣。

到漢和帝時期，東漢王朝已經太平了六七十年，飽暖思淫慾，馬放南山太久了難免腐化墮落。張衡為了能夠勸說人們改變舊習，便仿照班固的《兩都賦》，潛心創作了十年，寫出了著名的《二京賦》。當時的大將軍鄧騭看完之後，大讚張衡才華，多次召張衡做官，都被張衡拒絕。

張衡精通天文、陰陽、曆算，非常喜歡揚雄的《太玄經》。後來漢安帝聽說了張衡的名聲，徵其為郎中，後來又升為了太史令，也就是掌管國史、天文、曆法的官職。自此之後，張衡潛心研究天文學。通過研究，張衡發現月亮本身是不發光的，而是反射太陽光；他還正確地解釋了月食形成的原因，認識到宇宙的無限性和行星之間運動的快慢和相距地球遠近的關係。

其後，他創製了世界上第一架能比較準確地表演天象的漏水轉渾天儀，這渾天儀成為東漢中期以後史官所用侯臺銅儀的標準。公元 132 年，張衡又創造出中國歷史上第一架測試地震方位的儀器 —— 候風地動儀。

東漢時期，中國經常發生地震，有時候是一年一次，有時候是一年兩次，非常頻繁。每一次地震都會給當時的東漢王朝造成不小的損失。如果是一次大地震，幾十個郡都會受到影響，城牆、房屋倒塌，人畜傷亡嚴重。況且當時封建迷信思想還非常盛行，每一次地震都會被人附會成不祥的徵兆，說是老天對統治者的警示，有些亂民便會以此起事。

張衡當然不相信這些迷信，他將地震的現象詳細記錄下來，然後仔細研究實驗，最終發明了一個可以探測預報地震的儀器，叫作「候風地動儀」。整個地動儀是用青銅製造，主體就跟一個酒罈一樣，四周刻鑄了八條龍，龍頭伸向八個方向，在每條龍的嘴裏有一顆銅球。

在每條龍嘴的下方，放置了一隻張着嘴的銅質蛤蟆，蛤蟆嘴對着相應的龍嘴。只要哪個地方要發生地震了，朝着那個方向的銅龍便會張開嘴，將銅球吐出來。銅球掉在蛤蟆的嘴裏，發出清脆的響聲，提醒人要發生地震了。

公元 138 年的某一天，張衡的地動儀正對着西方的龍嘴突然張口吐出了銅球，按照張衡的理論，西方應該發生了地震。但是，當時洛陽根本就沒有地震的跡象，也沒有聽說附近哪裏有地震。一連幾天過去了，還是沒有聽到地震的消息，於是很多人便開始說張衡發明的地動儀是個忽悠人的東西。就在此時，洛陽收到快馬急報，在離洛陽一千多里的金城、隴西這一帶發生了大地

震。此時，謠言戛然而止，再沒有人説張衡的不是，大家紛紛誇讚張衡的地動儀精妙。

　　張衡富有報國之志，只是當時宦官勢力猖獗，他的抱負無法施展。公元 139 年，張衡逝世，享年六十二歲。

第五章

三國不是
水煮的

三國不是水煮的，烈火烹油，蒼茫大地成
了沸騰的戰場。電影《關雲長》裏曹操說
得好：「老劉家的房子要倒了，是我姓曹的
給他修好的，偏偏有人說是我拆了老劉家
的房子！」英雄？梟雄？誰能還原歷史的
本來面目，或者歷史本身就是雙面的，因
為人性是複雜的。還是曹操灑脫，「大英雄
你來當，小人 —— 我來」。敢愛敢恨，敢
作敢當，才是真豪傑！

蒼天已死，黃天當立

　　東漢末年，宦官干政，外戚專權，政治極其腐敗。民間大姓豪族爭相囤積銀錢，壟斷教育，各地軍閥林立，整個東漢王朝進入了混亂動盪的時期。

　　在桓帝期間，外戚梁冀專權，任大將軍。當時他將都城洛陽周圍近千里的地方都佔為己有，當成了自己的私人林苑。其中有一處佔地數十里的地方，稱為「兔苑」。據記載，當時有個人因為在裏面誤殺了一隻兔子，便牽連了數十人被殺，梁冀飛揚跋扈到何等程度，由此可見一斑了。不止如此，後來梁冀倒臺之後，抄家清點其掠奪受賄來的財物，多達 30 億，相當於當時東漢政府年賦稅收入的一半，可見當時的政治有多麼腐敗。

　　宦官相較於外戚，腐敗起來有過之而無不及。這些人深居皇宮，與世隔絕，對於治國根本一竅不通。他們只知道終日阿諛奉承，諂媚皇帝。

　　桓帝依靠宦官單超、徐璜、左悺、唐衡、具瑗五人誅殺梁冀，將五人同日封侯，後世稱之「五侯」。單超死後，其餘四人更為殘暴無道，他們的兄弟、親戚被委派到各地為官，並且大肆斂財，老百姓苦不堪言。後來，民間給他們起了外號，編成了順口溜：「左回天，具獨坐，徐臥虎，唐雨墮。」翻譯過來就是說，左悺勢力之大可以回天；具瑗專橫，沒人敢當面跟他平起平坐；徐璜就跟一隻老虎一樣不能惹；唐衡的禍害就像一場大雨一樣流毒天下。

為此，社會矛盾激化，加上天災人禍，終於在公元 184 年爆發了以張角為首的黃巾起義。

張角是鉅鹿（河北寧晉）人，早年信奉黃老學，對民間的醫術、巫術都很有研究。建寧年間，張角帶着弟弟張寶、張梁在比較混亂的冀州一帶傳教。後來靈帝期間，張角開始大量招收學生，培養信徒，創立太平道。

太平道是中國道教早期的教派之一，目的就是為了推翻當時腐朽的東漢王朝，建立一個太平的社會。說白了就是想用宗教的形式發動叛亂而已。那時候，張角經常手持九節杖，利用一些民間偏方醫術，加上一些裝神弄鬼的把式，為人治病。這樣做一是可以贏得老百姓的好感，建立群眾基礎，還能神化自己。他以此身份作為掩護，暗中大力宣傳《太平經》中反對剝削，主張平等的觀點，深得民心。當時太平道的成員和信徒如果犯了錯，只要跪拜在張角、張寶等首領面前，承認錯誤，保證不會再犯，便能得到寬恕。

通過十多年的宣傳，太平道的勢力遍佈青、徐、揚等八州，信徒達到了十多萬人，其中大部分是貧苦農民，但是也有官吏、宦官、手工業者等。張角還將信徒劃分編組，設大方、小方，大方萬餘人，小方六七千人，每方設渠帥負責。

一切準備妥當之後，張角覺得時機已到，準備在甲子年甲子日舉行大起義，也就是公元 184 年 3 月 5 日。他提出「蒼天已死，黃天當立。歲在甲子，天下大吉」的口號，意思就是漢王朝代表的蒼天氣數已盡，作為土德黃天的代表，太平道應當取代漢王朝。時間就在那一年的 3 月 5 日，只有這樣天下才會太平。

當時有一個大方的渠帥叫馬元義，他在起義之前便開始四

處散播起義的消息，並且多次去京城，希望那些為官的信徒能夠及時策應。可是就在起義預定日期的前十天，一個叫唐周的太平道的信徒叛變，上書官府，告發了起義之事。朝廷馬上意識到了事情的嚴重性，緊急下令逮捕馬元義，並在抓到他的第一時間在洛陽將其車裂。官府開始調動各種力量，大肆捕殺張角的信徒一千多人，並通知冀州方面抓捕張角的家人。

張角知道風聲走漏，情勢危急，當即便通知各方，馬上起義。起義軍先是將當地的官員抓獲，然後殺了祭天，每人都頭戴黃巾，用來象徵黃天，史稱「黃巾軍」。張角又根據《太平經》中的理論，稱自己為「天公將軍」，稱張寶為「地公將軍」，張梁為「人公將軍」。

起義開始之後，百姓紛紛響應，有的直接加入黃巾軍，有的獻糧送衣，黃巾軍很快便發展起來。破城之後，黃巾軍先將官府焚燒，將貪贓枉法的官吏處死，把財產都分給了百姓。那些貪官污吏平時都是威風凜凜，作威作福，而此刻一聽說黃巾軍來了，嚇得四處逃竄。十日之內，天下震動。

但是黃巾軍的主體是農民，組織不夠嚴密，缺

黃巾起義

137

乏明確的行動綱領和長遠的戰略目標，很快就開始呈現出頹勢。黃巾軍除了攻打官府之外，還打土豪、財主，這些人自然不會善罷甘休。於是，這些土豪全部站出來，配合官府打擊黃巾軍。

黃巾軍阻力重重，四面楚歌。也就在此時，黃巾軍的首領張角病死，其弟張梁固守光宗。同年 10 月，皇甫嵩帶領官軍偷襲了黃巾軍營，張梁在此戰中陣亡。群龍無首的三萬多黃巾軍慘遭屠殺，五萬多人投河而死，張角還被剖棺戮屍。其後，張寶也在曲陽兵敗身亡，十多萬黃巾軍被殺害，兄弟三人所帶領的農民起義以失敗告終。

雖然黃巾軍起義失敗，但是，在農民起義的沉重打擊下，腐朽的東漢王朝已經分崩離析。在這次起義中，各地的軍閥勢力得以迅速擴張自己的實力。在鎮壓起義的隊伍中，幾個歷史上的重要人物開始嶄露頭角。當時官至騎都尉的曹操由於戰功卓著，升任為濟南相；孫堅也因為軍功被任命為別部司馬；還有一個是因戰功而被任命為安喜縣尉的劉備。

官渡之戰

　　東漢末年，混亂之秋。藉着浩浩蕩蕩的黃巾農民起義的機會，各地州郡的官員開始大肆獨攬軍權。黃巾軍起義失敗之後，各地的鬥爭方向逐漸轉移成軍閥兼併、官吏爭權，中原民間各地呈現出一片淒慘之象，野外處處是死人的白骨，走上千里都聽不見雞鳴。

　　當時的混戰軍閥之中，有河北的袁紹、河內的張楊、兗豫的曹操、徐州的呂布、江東的孫策、揚州的袁術、荊州的劉表、幽州的公孫瓚、南陽的張繡等。但是這樣群雄割據的局面並沒能持續多久，用自然法則優勝劣汰來解釋，弱者就會被消滅或者兼併，強者才會崛起，而其中曹操和袁紹就通過官渡之戰，為我們做了一個展示。

　　袁紹這個人一表人才，祖上四世三公，可以説是個權勢顯赫的官 N 代。他靠着家族的勢力，二十歲就當上了縣令，後來母親病死，他便辭官回去服喪三年，接着又補服了三年。在這六年的時間裏，袁紹在洛陽隱居，朝廷多次來徵請都被他拒絕。他愛結交天下名士，與遊俠亡命之徒交往。

　　不久之後，朝廷中掌握實權的中常侍趙忠注意到了袁紹奇特的舉動，有一次趙忠對眾黃門宦官説：「袁紹抬高自己身價，多次徵召不出，還專門養些亡命之徒，他到底想幹什麼？」這些話不知怎麼就傳到了袁紹叔父袁隗的耳中，袁隗找到了袁紹，責備道：「你想讓我們袁家被滅門嗎？」袁紹聽出了叔父的話外之音，

遂出仕，到大將軍府擔任侍御史，很快又得到了升官。

靈帝死後，袁紹向大將軍何進建議除掉宦官。何進也正有此意，但是又有些猶豫，就因為這點猶豫，何進反被宦官搶先一步殺害。面對這樣的境況，袁紹挺身而出，率兵斬殺宦官兩千多名，從宦官手中奪回了被劫持的少帝和陳留王。後來西部軍閥董卓率軍進入洛陽之後，向袁紹提出廢除少帝，立陳留王為帝。袁紹聽後，推脫說此事需找叔父袁隗商量，毅然離開洛陽，去了冀州。

袁紹出逃之後，董卓為了暫時穩住他，便用朝廷的名義任袁紹為渤海太守，封鄉侯。袁紹也不客氣，隨即便到渤海上任。公元 190 年正月，袁紹聯合了各路人馬，着手討伐董卓。袁紹當時頗具威望，大家便推舉袁紹為聯軍的盟主。董卓知道這件事之後，心裏暗道：他對我不仁，莫怪我對他不義。遂將袁紹留在長安的一家老小五十餘人殺得一乾二淨。這樣的舉動使得袁紹在社會上的號召力更大。

袁紹並沒有急着向董卓發起進攻，而是養精蓄銳，爭奪地盤。爭奪地盤難免會得罪一些人，公孫瓚就是這個時候與袁紹結仇，兩人多次交戰，公孫瓚皆敗。

後來，聯軍擊敗董卓。董卓帶着漢獻帝退守長安。

公元 196 年，曹操迎獻帝，遷都許縣，開始挾天子以令諸侯，勢力漸增。在迎獻帝這件事上，袁紹的謀士郭圖曾經也建議過，袁紹早年曾反對立獻帝，所以拒絕去迎接。況且在袁紹內心深處，自己稱帝的願望日益濃烈，根本就不想讓另一個人凌駕於自己。後來袁紹見到曹操迎獻帝之後得到的種種好處，心裏又開始後悔。

　　曹操挾天子以令諸侯之後，先後擊敗了呂布、袁術，佔據兗州、徐州。其後袁術病死，張繡又投降曹操，劉表宣佈保持中立，孫策暫避江東。公元 199 年，袁紹終於徹底戰勝了公孫瓚，佔據幽州、冀州、青州等地，河北之地盡收囊中，準備開始向南用兵，爭奪天下。就這樣，兩個華北勢力頗大的政治集團難免一戰。

　　公元 199 年夏，袁紹親自率領十萬精兵外加一萬騎兵南下。8 月，曹操被迫率領兩萬軍隊迎擊。袁紹為了能夾擊曹操，早前便派人去聯繫張繡、劉表，當時都沒有得到好的答覆。隔年，曹操抽身回攻劉備，此時田豐勸說袁紹應當果斷出擊，但是袁紹卻猶豫不決。就在袁紹猶豫的這段時間裏，曹操已經打下了徐州，擊敗了劉備。

　　曹操將後方安定好了之後，袁紹才遲遲下定決心，開始進攻許昌。此時田豐認為已經失去了最好的進攻時機，便勸說袁紹堅守以待。袁紹不僅不聽，還將田豐關進了大牢。在袁紹看來，自己人多勢眾，背後佔據四州，而曹操地盤小，兵力弱，只是個挾天子以令諸侯的小人，怎麼能跟自己對抗。而在他人看來，袁紹在佔據冀州之後，便變得驕傲、自負，佔領四州之後更是專橫到極致。他先是分封自己三個兒子和一個姪兒為州刺史，其後又不顧眾人反對攻打曹操。袁紹雖然佔據四州，但是時間尚短，人心並未安定，發動這麼大規模的戰爭是不明智的。

　　袁紹率軍到了黎陽，與曹操的軍隊發生多次小規模的交戰，雙方有勝有負；其後袁紹又率大軍進攻官渡（河南中牟），結營數十里。同年 10 月，謀士許攸建議袁紹，趁曹軍的主力都集中在前線的時候，分兵攻打許縣，迎接獻帝。袁紹之前就沒有迎

接獻帝，現在迫於面子和眾多個人因素，還是不願意迎接獻帝。而且在他看來，現在與曹操交戰，自己實力遠遠強於曹操，這一仗勝算頗大。打敗曹操後，天下遲早是自己的，為何要平白無故去迎接一個人凌駕在自己的頭上？

袁紹在心裏打着自己的小九九，不僅沒有聽從許攸的建議，其後還發生了一件讓許攸徹底與袁紹決裂的事，那就是許攸的家人犯法被收押。許攸帶着失望和憤怒的複雜感情離別了袁紹，前去投奔曹操。他到了曹營之後，獻計建議曹操襲擊袁紹軍的囤糧基地，曹操不同於袁紹，當即採納了許攸的建議。

其後，曹操親自率領五千大軍對袁紹的囤糧基地烏巢發動奇襲，將駐紮的袁軍一舉殲滅，燒毀了袁紹全部的囤糧。消息傳到了袁紹大軍之後，袁紹大軍軍心開始渙散，投降的投降，逃跑的逃跑。曹操趁機出擊，殲殺敵軍七萬多。大軍潰敗之後，袁紹父子只能帶着最後的八百騎兵向北逃竄。

官渡之戰的取勝，奠定了曹操統一北方的基礎，袁紹從此一蹶不振。

官渡之戰遺址

赤壁之戰，三國鼎立

官渡之戰之後，曹操的勢力得到了空前的膨脹，開始着手一統天下的大業。

曹操的祖父曹騰是個宦官，其父曹嵩為曹騰的養子，官至太尉。曹操小的時候很聰明，並且擅長權術。二十歲的曹操便以孝廉身份被推薦入朝，擔任郎官，其後又擔任過一些其他官職。後來黃巾軍起義，曹操官拜騎都尉，追隨皇甫嵩出生入死，終於憑藉着軍功當上濟南相。上任之後的曹操雷厲風行，罷免貪官，打擊犯罪，百姓紛紛誇讚其賢明。但是由於曹操的種種行為觸犯到了既得利益者，不久之後便被調任東郡太守。曹操也因此託病回鄉，並未前去就職。

此後的曹操一直尋找發展機會，先是投靠張邈，其後投奔袁紹。後假借剿滅冀州黑山軍和青州黃巾軍的機會，在兗州立足，還打敗了袁術。隨後，曹操又以為父報仇的名義兩次攻打徐州，屠殺了很多百姓。這期間，陳留太守張邈、名士陳宮趁曹操在外征戰的機會，引狼入室，迎呂布為州牧。直到 195 年，曹操才打敗呂布，重新控制了兗州。就在這一年的 10 月，曹操被任命為兗州牧。

公元 196 年，長安爆發內亂，漢獻帝遷回洛陽。曹操藉此機會，迎獻帝，開始了「挾天子以令諸侯」的政治生涯。不久之後，曹操在官渡之戰中以少勝多擊敗袁紹大軍，至此聲名大振。其後佔據河北四州之後，曹操開始修養生息，做了很多利民安撫

工作，收效頗大。北方徹底被掃平之後，曹操將攻擊的重點轉向南方。

公元 208 年 7 月，曹操率領大軍進攻劉表，8 月，劉表病死，其子劉琮接替。曹軍攻至新野之後，劉琮投降。而原本寄居於此的劉備只能被迫出逃，尋求新的盟友東吳的孫權，一場不可避免的大戰也就此展開。

劉備是漢景帝的兒子中山靖王劉勝的後裔，到了劉備這一代，可以算是家道中落。由於父親早逝，劉備自小就和母親相依為命，靠販賣草鞋、草席糊口。即便生活艱難拮据，劉備從小仍然志存高遠，經常想着日後乘坐皇帝的專車，威風八面的樣子。劉備十五歲的時候外出求學，拜當時著名的學者盧植為師。

靈帝末期，黃巾軍起義，二十三歲的劉備打出帝王之後的旗號，在大商人張世平、蘇雙的資助下，招兵買馬。名將關羽、張飛就是在這個時候投奔劉備的。公元 185 年，劉備因功被授為安喜（河北定縣東）縣尉。當時有件小事非常有趣，郡督郵因公來到定縣，吆五喝六，大擺身價。劉備身為縣尉前去求見，屢次不得見。劉備一口怒火憋在心中，最後在關羽、張飛的慫恿下，強行闖入，將其捆綁，打了兩百杖。

劉備擔任徐州牧之後，曹操為了拉攏劉備，任命劉備為鎮東將軍，封宜城亭侯。不久之後袁術兵犯徐州，劉備落敗之後前去投奔曹操。曹操面對狼狽而來投奔自己的劉備，表現得非常熱情，以朝廷的名義封劉備為豫州牧，還力挺劉備攻打呂布。

除去一些政治目的不說，曹操對劉備也算仁至義盡，兩人關係一度看上去非常融洽。曹操上表獻帝，任命劉備為左將軍，出與劉備同車，坐與劉備同席。然而，劉備率先打破兩人間「和諧」

的關係。

公元 199 年，獻帝給岳父董承衣一份密詔，要他暗中聯絡各方力量一同誅滅曹操，劉備也祕密參與其中。為此，劉備在曹操面前非常心虛，潛伏工作做得非常到位。有一次曹操請劉備飲酒，指點江山，評點英雄。

酒到酣處，曹操睖着眼説：「現在天下稱得上英雄的人，就你我二人，像袁紹那樣的，根本算不得數。」這時，恰好一個響雷劈過，劉備嚇得筷子掉在地上，趁機避開了這個可能會害死自己的話題。

孫劉關係本來不溫不火，但是當曹操的勢力不斷向南延伸的時候，兩家開始走得漸近。在劉備軍師諸葛亮的游説下，孫劉聯手抗曹。

公元 208 年，曹操率領二十萬大軍順流東下，號稱八十萬大軍，陳兵赤壁。反觀孫劉聯軍，只有五萬餘人，從兵力上看，曹操佔有絕對優勢。

曹操的軍隊主要是北方士兵，不善水性。為了讓士兵盡快適應水上作戰，練兵之時曹操下令將戰船用鐵鏈首尾相接，減少船身的晃動，形成一個「水上陸地」。在曹操看來，這麼做不僅可以讓士兵適應作戰環境，而且能夠防止敵軍偷襲。

當然，曹操也知道這麼做的弊端，船隻連成一體，基本上就喪失了機動性。

東吳大將黃蓋知道此事後，向周瑜建議用火攻。周瑜表示贊同，火攻最關鍵是如何把第一把火送到曹營。為了達到這個目的，黃蓋不惜用苦肉計取得曹操的信任，然後給曹操寫了一封投降信。黃蓋在信中説明自己投降的理由，還給曹操描述出東吳大

部分將士都主和的假象。

曹操收到投降信，剛開始的時候也很懷疑，但是仔細想想，又發現黃蓋說得合情合理，自己兵強馬壯，孫劉贏的希望很小，明智的人都應該選擇投降。曹操仿佛看到了東吳主和派和主戰派雙方對罵的場景，於是，曹操決定接受黃蓋的投降，並和黃蓋約好投降的具體時間和信號。

到了約降的那天，黃蓋帶着十條大戰船，船上裝滿了乾草，還浸上了易燃的油液，外面用布遮住，大船後面拴着方便逃跑的小舟。這一天東南風呼呼地吹，船到了江心之後，黃蓋下令將船帆張開，戰船向曹軍飛快駛去。快到曹營之時，黃蓋的士兵齊聲喊道：「黃將軍來投降曹丞相了！」

曹軍聞聲，紛紛走出船艙觀望。此時，黃蓋命人將戰船全部點燃，然後乘坐小船撤退。十條戰船，火勢兇猛，順風向曹軍水寨駛去。東風很給力，大火很快將曹營吞噬，不久之後火勢又向岸上蔓延，不少陸軍營寨也被燒毀。孫劉聯軍一看時機合適，立即傾巢而出，曹軍被殺得慌亂逃竄，全軍大潰。

激戰中，黃蓋不小心落水，後被吳軍救起。由於情況混亂，吳軍也沒有細問，不知道這人就是黃蓋，而是將他安置在茅房裏。時值寒冬，黃蓋全身濕漉漉，凍得全身僵直，眼看就要活活被凍

赤壁之戰遺址

死。就在此時，吳軍將領韓當路過，黃蓋使出吃奶的力氣大喊一聲，韓當聽到是黃蓋的聲音，看着被凍得半死不活的黃蓋，連忙上前，脫下自己的衣服給黃蓋披上，黃蓋僥倖撿回性命。

兵敗之後，曹操率軍突圍，總算逃回了北方。從此之後，曹操再也沒有南征東吳。公元 220 年，曹操逝世，曹丕繼位。曹丕上臺之後，廢掉漢獻帝劉協，建立魏國，遷都洛陽。公元 221 年，劉備也按捺不住，宣佈繼承劉協帝位，建立蜀漢帝國。公元 222 年，孫權建立東吳帝國。至此，天下三分，形成了三足鼎立的局面。

第〇六〇章

晉朝短，南朝亂，
北朝瘋

三國亂，兩晉南北朝比三國更亂。八王之亂，五胡亂華，「前見子弒父，後見弟殺兄」……滿眼荒唐事，一把辛酸淚。記得歷史上那個經典戰例 —— 淝水之戰嗎？怎麼看都像足球場上的烏龍球，贏得不明不白，輸得稀裏糊塗。世人交口稱讚的苻堅大帝，也不過是一個幸運的糊塗蟲。就算打贏了淝水之戰，以他的心機和城府，也很難駕馭一個龐大的帝國。

司馬家的天下

　　三國鼎立的局面並沒有維持多久，第一個滅亡的是蜀國。

　　公元 263 年，曹魏帝國的實際權力已經轉移到了權臣之手。大將軍司馬昭（司馬懿次子）派遣大將鍾會南征，蜀漢大將姜維死守劍閣（四川劍閣北），雙方僵持不下。隨後，司馬昭又派大將鄧艾前去援助鍾會。

　　鄧艾是司馬懿一手提拔起來的，此人工作踏實，能力很強，深得司馬懿信任，最終司馬懿提拔他為汝南太守。在汝南上任後，鄧艾引進大量流民，讓他們開墾荒地，安居樂業，政績斐然。公元 253 年，吳國將領諸葛恪率軍攻魏，大敗而歸。鄧艾對司馬師（司馬懿長子）評點這事說：「諸葛恪此次大敗而歸，肯定會被處死！」

　　果然不出鄧艾的預料，諸葛恪回吳之後便被處死。不久之後，司馬師將鄧艾提拔為兗州刺史，加封振威將軍。

　　這次司馬昭讓鄧艾去支援鍾會，首先看中的是鄧艾與蜀軍作戰的經驗。鄧艾不負所望，很快找到了破蜀的方法。他並沒有直接奔赴前線去援助鍾會，而是從陰平郡（甘肅文縣）出發，在深山之中開闢了一條小道，直趨蜀漢邊境的重鎮江油（四川江油）。

　　這條山路從來沒有人走過，山上除了毒蛇猛獸，沒有任何人跡。鄧艾還命人鑿山開洞，遇到險地絕路便身裹毛氈，翻滾而下。穿山越嶺之後，鄧艾迅速佔領了江油，進軍成都平原。蜀漢的皇帝是劉備的兒子劉禪，他聽說敵軍逼近都城，沒有猶豫多長

時間便開門投降。姜維聽到這個消息,寒心至極,最後殉國。存在四十三年的蜀漢帝國就此滅亡。

蜀國滅亡之後,接下來被取代的就是曹魏帝國。經過了司馬家族兩代人的經營,朝中大權逐漸落到司馬氏手中。

早在公元 235 年,司馬懿因為阻擊諸葛亮北伐成功,被提升為太尉。魏明帝曹睿是個庸弱無能的君主,他大興土木,大肆掠奪民女充實後宮,朝綱不振。司馬懿趁此進諫,為自己贏得清譽,並暗中發展自己的勢力。

公元 237 年,遼東的公孫淵自立為燕王,設百官,以表示對曹魏政權的不滿。司馬懿率軍四萬前去征討,由於公孫淵父子實屬昏庸無能,司馬懿略施小計便擒殺其父子,奏凱而歸,司馬懿的威望更高。

公元 239 年,魏明帝曹睿病死,年僅十歲的曹芳繼位。根據魏明帝的遺詔,司馬懿和大將軍曹爽共同輔政。此時的司馬懿已經是四朝元老,曹爽根本鬥不過他,朝中大權落入司馬家族手中。

在經歷了曹芳、曹髦、曹奐三代魏國少主之後,司馬氏的勢力空前膨脹。公元 260 年,司馬昭廢除了曹髦,陳留王曹奐繼位。公元 264 年,司馬昭在滅蜀之後稱晉王,立自己的兒子司馬炎為太子。就在他認為時機成熟,準備稱帝的時候,突然病死。其子司馬炎是個爽快人,他一掌權便將曹奐趕下臺,還美其名曰「禪讓」。曹奐下臺之後,司馬炎登基,稱晉武帝,建立晉朝,立都洛陽,史稱西晉。建國四十六年的曹魏帝國宣告滅亡。

西晉建立之後,做的第一件大事便是滅吳。孫權晚年開始變得多疑,甚至懷疑跟自己出生入死的陸遜。他還成立特務機構,

叫作察戰。當時孫權任用了一個叫呂壹的人，此人善於揣摩孫權心思，很受重用。呂壹被任為中樞典校之後，專門做些誣陷揭發的事，使得當時朝中人人自危。最後眾人冒死進諫，孫權迫於壓力，處死呂壹，但是仍然保留着特務機構。

不僅如此，在孫權晚年，徭役越來越重。後來李桓、吳遽相繼起兵，孫權雖然鎮壓下去，並沒有在政治上進行反思，減輕賦稅；除此之外，孫權還聽信讒言，廢除嫡子，立庶子為太子。直到孫權死，對皇位繼承人的爭奪一直沒有停息。領導的腐敗和高層的內鬥大大削弱了孫吳的實力。

公元 264 年，孫皓繼位。

孫皓是三國時期出了名的暴君。但是他剛當上皇帝那會兒，看上去並不像一個暴君。他先是發佈撫恤孤寡的詔令，安撫老百姓，然後開倉濟貧，釋放宮女出嫁。

晉武帝

但是當局面穩定之後，孫皓開始露出狐狸尾巴。他暴虐無道，性喜猜忌，殘害忠良，虐殺宮人，讓吳國上下寒透了心。他虐殺宮人的手法極其殘忍，要麼將人面剝下，要麼鑿人的眼睛，這樣一個暴君怎能凝聚人心。後來晉軍兵臨城下，沒有一人再願為孫皓抗擊外敵。

除了殘暴之外，孫皓還非常荒

唐。公元 272 年，孫皓聽聞童謠「吳天子當上」，覺得此乃天命，自己該上洛陽，當真命天子。隨即帶上母親、妻子，後宮數千人，西上洛陽。當時天降大雪，道路泥濘不堪，然而這麼多人，卻只帶了一車的補給，結果凍死、餓死的人不在少數。最後士兵不堪重負，紛紛嘩變倒戈，孫皓只能退回東吳。

晉國見吳主整日聲色犬馬，暴虐無常，盡失人心，便準備趁機滅掉吳國，一舉統一天下。公元 280 年，晉國攻陷建業（南京），活捉了孫皓。三國之中建國最長的東吳帝國就此覆滅，建國五十九年。

至此，三國鼎立變成天下一統。

不爭氣的子孫們

　　公元 291 年，司馬衷上臺，西晉王朝爆發了八王之亂。整個政變從公元 291 年司馬亮被殺到公元 306 年 12 月司馬顒被殺，歷時二十一年，將統一不久的中國又帶入了四分五裂的時代。

　　早在晉武帝司馬炎在位時，晉朝就埋下了不安定的隱患。晉武帝本人就是個荒淫奢侈的君主。在滅吳的過程中，他多次搜刮美女，充實後宮，以致後宮姬妾多達上萬人。皇帝帶頭，大臣自然積極跟進，太傅何曾每天光是花在吃上面的開銷就需要一萬錢，但是他還是抱怨無處下筷；他的兒子比他更厲害，每天都要吃猴腦熊掌等高檔補品，每日開銷高達兩萬。

　　晉武帝沉迷酒色後，疏於政事。大權落入楊皇后的父親楊駿家族中，楊駿和弟弟楊珧、楊濟開始掌權，當時人稱「三楊」。

　　晉武帝的大兒子司馬軌夭折後，立楊皇后的兒子司馬衷為太子，司馬衷是個天生的低能兒，有一件事最能說明這點。司馬衷吃飯的時候非常浪費奢侈，他的老師實在看不下去，便委婉教導說：「殿下，碗中的米飯都是農民辛苦耕種來的，殿下可知道這糧食來之不易？現在民間又鬧旱荒，很多百姓沒有飯吃，只能忍飢挨餓。」司馬衷聽完，很不能理解，竟然天真地問道：「沒有糧食吃，為什麼不吃肉粥呢？」這一問讓老師啞口無言。

　　晉武帝本來也想換掉這個太子，但是迫於皇后、親家賈允的影響，加上自己的寵臣荀勗也說司馬衷會有所長進，晉武帝便留

住了司馬衷的太子之位。

公元 290 年，晉武帝縱慾過度而死，太子司馬衷繼位，楊駿將汝南王司馬亮排擠出京城之後獨掌大權。就在楊駿覺得自己可以獨享大權之時，原來的太子妃，現在已經晉升為皇后的賈南風站了出來。

賈南風是一個聰明且有才幹的女人，為人心機深手段狠。她將白癡丈夫司馬衷當成了一枚圖章，一個具有權力效應的抄寫員。賈南風每次要發號施令，便先寫一份詔書，讓司馬衷再照抄一份，這樣詔書便有了法律效應。

賈南風與楊駿的爭鬥正是引發「八王之亂」的導火索。公元 291 年，賈南風與楚王司馬瑋達成共識，兩人合謀，誣陷楊駿謀反，司馬瑋領兵入京，處死了楊駿以及他的兩個弟弟，楊氏親屬被屠殺達數千人。隨後，賈南風又將楊太后廢為平民，最後逼其絕食而死。

除掉了楊氏一族之後，賈南風發現自己權力之路上還有許多絆腳石，比如楚王司馬瑋和汝南王司馬亮。為了獨攬大權，賈南風挑撥司馬瑋和司馬亮之間的矛盾，故技重施，利用白癡丈夫的親筆詔書，誣陷司馬亮謀反，命司馬瑋帶兵「勤王」。司馬瑋殺死司馬亮後，賈南風又下詔，說司馬瑋假傳聖旨，擅自殺戮大臣，以此借口除掉了司馬瑋。

司馬亮和司馬瑋相繼被除掉之後，賈南風終於如願以償，大權獨攬。她一方面重用親黨，另一方面重用像張華、裴凱、王戎這樣的名士，以此達到收買人心的目的。就這樣，西晉王朝平靜了一小段時間。

賈南風過了一段安穩日子後，覺得權力已經得到鞏固。可

惜，丈夫是個白癡，在生活中無法滿足自己。為了尋找新的樂趣，賈南風的私生活開始淫亂不堪，甚至連賈氏一族都看不下去。賈南風生了兩個女兒，所以太子之位只能傳給另一個平民姬妾所生的兒子司馬遹。賈氏一族怕日後權力旁落，紛紛慫恿賈南風除掉司馬遹。公元 300 年，賈南風不顧眾人反對，故技重施，誣陷司馬遹密謀造反，將其廢為庶人。

　　賈南風此舉終於惹怒了皇親貴族。掌管宿衛禁軍的趙王司馬倫將計就計，用計誘使賈南風毒殺廢太子司馬遹。隨即司馬倫領兵而出，指責賈南風的罪狀，利用群臣激憤的心理，趁機除了賈南風及其黨羽。

八王之亂

司馬倫也是個很有野心的傢伙，本來他依附賈南風。時機一到，他立刻除掉賈南風。賈南風死後，司馬倫廢黜晉惠帝司馬衷，自己登基稱帝。司馬倫心腸黑這是沒有疑問的，但是臉皮還不夠厚，城府還不夠深，自己稱帝無異於惹火燒身。齊王司馬冏聯合成都王司馬穎、河間王司馬顒起兵攻打司馬倫，司馬倫派出軍隊前去迎敵。其後司馬倫的親信將領王輿臨陣倒戈，迎晉惠帝司馬衷復位，司馬倫則落得和賈南風一個下場，被送到金墉城之後灌金屑酒而死。

親王之間的奪權鬥爭除了在宮廷產生政治影響外，還波及了民間，加之當時的自然災禍頻繁，老百姓苦不堪言。隨着社會矛盾的激烈，各地流民起義也層出不窮，雖然並未直接影響西晉的政權，但是加速了西晉滅亡的腳步。

公元 301 年，趙王司馬倫被處死之後，齊王司馬冏因功得以輔政。司馬冏是司馬攸的兒子，威望頗高，並且有政治頭腦。司馬冏輔政之後，逐漸開始沉迷酒色，大造宮殿，最讓同族不滿的是他竟然在皇太孫病死之後，立清河王司馬遐的兒子司馬覃為太子，這讓原本有希望繼承皇位的司馬穎和司馬韜不滿，河間王司馬顒也對司馬冏的做法頗有微詞。公元 302 年 12 月，河間王司馬顒派兵討伐司馬冏，而身在洛陽的司馬韜搶先一步討伐司馬冏，司馬冏兵敗之後，連同黨羽兩三千人一起被殺。

司馬冏死後，司馬韜便開始攝政。當然，司馬穎不會那麼天

真，真的將朝政大權都給司馬顒，他以大將軍的名義在自己的封地遠端遙控。

這種合作關係，雙方難免會發生摩擦，久而久之就形成了不可調和的矛盾。司馬顒想要將惠帝廢黜，立司馬穎為帝，自己做宰相；司馬穎也不是一個好惹的主，認為司馬顒獨斷專橫。兩人矛盾最終激化，雙方撕破臉皮，大打出手。

司馬穎和司馬顒聯軍接近三十萬，進攻洛陽。而司馬顒在洛陽的守軍卻只有數萬人，雙方兵力如此懸殊，司馬顒又不是什麼軍事奇才，勝負沒有太大懸念。洛陽城被圍之後，東海王司馬越暗中聯合將領，動用皇城禁衛軍收捕了司馬顒，交給了司馬顒的部將張方，張方請示之後將司馬顒活活燒死。至此，成都王進入洛陽，擔任了宰相，司馬越則憑藉他臨陣的機變，一躍成為了尚書令。

司馬穎掌權之後，出於多方面考慮，又回到了自己的根據地鄴城。在這段時間裏，鄴城實際上成為了西晉王朝的統治中心。司馬穎是一個外強中乾的人，他掌權之後驕奢無道，政務廢弛，很快就失去人心。

東海王司馬越趁此間隙統帥洛陽禁軍，於公元 304 年 7 月，挾持晉惠帝發兵討伐司馬穎。怎料討伐軍根本不是司馬穎的對手，兵敗之後晉惠帝落入司馬穎之手，司馬越只能夾着尾巴逃回自己的封國。

司馬穎勝利之後，並沒能笑到最後。與司馬穎有過節的幽州刺史王浚迅速聯合鮮卑、烏桓以及東瀛的軍隊，一同向司馬穎發難。攻破鄴城之後，司馬穎只能帶着數十騎挾持晉惠帝逃到了洛陽，但是洛陽早已被張方控制，司馬穎再也沒有往日的權勢，無

法再干涉朝政。

王浚的行為完全是引狼入室，鮮卑、烏桓趁此機會大肆侵入中原，先前司馬穎為了壯大自己的實力，也引匈奴劉淵作為外援，乘此機會，匈奴貴族假借赴國難之名，長驅直入。由於八王之亂造成的動盪，遊牧民族公然入侵西晉，其中勢力最強的便是匈奴族的劉淵。

公元 304 年，劉淵在離石（山西呂梁）起兵反晉，號大單于。兩個月後遷至左國城（山西方山），即漢王位，建國號「漢」，正式和西晉朝廷對着幹。

劉淵起兵之後，司馬顒感覺洛陽不再安全，便遷都長安。廢黜了司馬穎的皇太弟之位，立司馬熾為皇太弟。兵敗之後的司馬越一直在自己的封地蟄伏，經過幾個月準備，他被推舉為盟主，迎惠帝回洛陽，發兵討伐司馬顒。司馬越先是打敗了不服自己的豫州刺史劉喬，隨即攻入長安，司馬顒、司馬穎如喪家之犬般四處逃竄，最後被司馬越部將殺死。

晉惠帝受盡磨難，最後回到了洛陽之後竟然吃餅中毒而死，悲哀至極。惠帝死後，皇太弟司馬熾繼位，為晉懷帝。

西晉經過八王之亂之後，國力衰敗至極，相反，漢王劉淵的實力卻得到空前膨脹。屢次發兵奪取西晉領土，撼動了西晉王朝的國本。劉淵病死之後，其子劉聰通過兵變當上皇帝，繼續討伐西晉。公元 316 年，劉聰的弟弟劉曜攻入長安，俘獲晉湣帝。至此，從晉武帝於公元 265 年建國算起，時長 52 年的西晉王朝至此覆滅。

淝水之戰

公元 316 年，劉曜攻入長安，西晉王朝覆滅。各地的晉氏皇族紛紛着手復興晉朝，其中唯一成功的就是遠離戰禍的琅琊王司馬睿。

公元 317 年，司馬睿在江東各方勢力的支持下，在建康（江蘇南京）稱晉王，史稱東晉。第二年晉湣帝被殺的消息傳到了建康，司馬睿二話不說，正式稱帝，為晉元帝。即便如此，天下也不再是晉朝一家所有，在這段時間裏，中國步入了「五胡亂華」的分裂時期。一直到四世紀七十年代，中國出現了前秦與東晉兩國並立的局面。此後前秦帝國揮兵南下，伺機一舉平定天下。但是在「淝水之戰」這場至關重要的戰役之中，前秦以絕對的優勢兵力輸給了東晉，統一之夢再次破滅。

前秦帝國領導者苻堅是一個傳奇人物。苻堅小時候就特別聰明慷慨，八歲的時候就主動求師讀書。他的祖父苻洪曾經誇獎苻堅：「我們戎狄部族世代只知道喝酒，你小小年紀就這麼上進求學，真是太好了！」

苻堅的堂哥苻生是歷史上出了名的暴君。苻生自幼就瞎了一隻眼睛，隨身總是配備鐵錘、鋼鋸、刀斧，一言不合就親自操起這些兇器，大打出手。在宴會上，只要誰沒有喝得酩酊大醉，苻生就叫弓箭手將其射死。

不僅如此，苻生還喜怒無常，心思難以捉摸。他問大臣：「你看我是一個怎樣的君王？」被問的大臣心驚膽戰，謹慎地回答

道：「陛下是一個聖主！」符生怒道：「你諂媚我啊！
來人，拉下去斬了！」接着符生又以同一個問題問
另外一個大臣，那人誠惶誠恐回道：「陛下是個仁義
之君，只是刑罰太過嚴重了！」符生聽完暴跳如雷：
「你誹謗我啊！來人！拉下去斬了！」

符生的荒唐事遠不止於此，他還命宮女與男人
性交，他與群臣在一旁觀看；又命宮女與羊性交，
看看能不能生下小羊。他命人將牛羊馬驢活活剝
皮，使牠們在宮殿上哀號奔跑；最慘無人道的就是
把人的面皮剝下，還命其表演歌舞。

符生殺得高興的時候，將政府中的高級官員統
統以謀反罪處決，還殺掉了妻子梁皇后；他的舅父
勸誡他收斂，符生二話不說，掄起鐵錘砸在舅父腦
袋上，腦漿四溢。

這樣荒唐暴虐的君王自然不可能統治長久，公
元 357 年，符堅在眾人的擁護之下，率
軍闖入皇宮，將符生殺死，自居大位稱
大秦天王。在王猛等人的輔佐下，符堅
成為五胡十六國最賢明的君王。

王猛

王猛是平民出身，他被符堅任用
為宰相，堪比管仲、商鞅，是個曠世奇
才。符堅在王猛的輔佐之下，先滅前
燕，後滅前梁，統一了北中國。中國境
內呈現兩國並立之勢，前秦帝國在北，
東晉帝國在南，隔着淮河對峙。

　　公元 375 年，大秦帝國的宰相王猛逝世，臨終前王猛警告符堅說：「如今國家的死敵不是晉，而是雜處在國內的鮮卑人和羌人，他們的首領在政府官居要職，有些還掌握兵權，我們的憂患在此啊，必須早日糾正。」仿佛就像管仲臨死前給齊桓公提建議的重演，符堅沒有聽王猛的話，結果王猛的話應驗了。

　　符堅認為只要自己心胸開闊，不胡亂猜忌別人，別人一定會誠心待己。這樣高尚天真的想法對於一個政治家來說，是非常不切實際的。王猛死後，符堅便將鮮卑親王慕容垂、羌部落酋長姚萇視為知己。隨後，符堅決定揮師東晉，一統中國。

　　公元 383 年，符堅開始了統一大業。他率領近九十萬大軍浩浩蕩蕩地出發了，大軍鋒鏑直指晉國都城建康。

　　東晉王朝聽說秦軍百萬大軍向自己衝來的時候，舉國上下談「戰」色變，宰相謝安也驚得目瞪口呆。當時晉國兵力薄弱，能夠調集起來的軍隊不超過八萬，面對這麼龐大的前秦大軍，完全沒有獲勝的可能。

　　宰相謝安心中毫無對策，別人問他如何應敵，他只有一句「我自有安排」，這樣雖然能夠穩定人心，給人胸有成竹的感覺，可惜謝安什麼安排都沒有。反正船到橋頭自然直，謝安倒也想得開，他乾脆出去遊山玩水，每天深夜而歸，估計也是被人問得煩不勝煩。

　　當時上明（湖北松滋）的大將桓沖還好心好意派遣了三千精兵前來建康勤王，卻被謝安一句「都城已有安排」打發了。謝安所做的一切只有一個理由：穩定人心。穩定人心也是當時東晉能夠取得勝利的唯一機會。

　　東晉朝廷任命謝石為征虜將軍、征討大都督，謝玄為前鋒

都督。謝石、謝玄帶領八萬人馬出發，快到淝水的時候，就此紮營，不敢繼續前進。沒多久，就得到前秦大軍攻陷壽陽（安徽壽縣）的消息，東晉方面士氣大跌。

就在這個時候，早前去增援壽陽的胡彬派出的傳令兵被前秦軍截獲，傳令兵為了活命，如實透露出晉軍實力：「敵人強勁，我軍斷糧⋯⋯」

勝利女神似乎完全站在前秦這邊。前秦主力軍隊連夜行軍，趕到壽陽與先鋒軍會師，並派出高級官員朱序前去招降謝石。

使得淝水之戰局勢出現逆轉的關鍵人物就是朱序。朱序原本是東晉雍州的刺史，後來被前秦帝國俘虜，符堅發揮有容乃大胸懷重用他，但是他一直「身在曹營心在漢」。這次出征，朱序差人祕密通報謝石：「前秦帝國如果百萬大軍集合，你們根本無法阻擋。但是現在主力部隊還在後方，壽陽城內只有二十餘萬先鋒軍。你如果能立即行動，打敗這先頭部隊，定能擊垮敵軍士氣。然後與敵人後方大軍交戰，或許有勝利的可能。」

謝石也不想考證朱序所說的是真是假，反正橫豎都是搏命，不如就此一拚。秦軍在淝水便開始修建工事，準備做長期打算。謝石便派人告訴秦軍的先鋒大將符融：「你們領大軍深入，不就是為了求戰，現在隔河對峙並不是你們的初衷吧！你們現在向後退，讓我軍渡河與你們一戰。」

一個弱小者竟然主動挑戰，符融簡直不敢相信這是真的，當然在作出決定前，符融先請示了符堅。符堅對符融說：「擊其半渡，殺他們片甲不留。」

符融於是答應謝石的請求，表面上撤軍，可是當他大喊「撤軍」的時候，意外發生了。

　　不明真相的士兵聽說撤軍以為是打了敗仗，頓時人心潰散，撤退時一片混亂，符融再也無法控制局面。謝石瞅見對方旗幟混亂，料想出了亂子，便乘此機會，以迅雷不及掩耳之勢向秦軍出擊。符融一看，急了，親自騎馬阻止軍隊後撤，怎料坐騎突然栽倒，符融就這樣被亂軍活生生踩死。

　　朱序一看，報效晉國的機會來了，立即在秦軍後方大呼：「秦軍大敗了！」

　　聽到這樣的呼喊，秦軍也不去辨別真假，爭相逃跑。符堅跟着亂軍一起撤逃，險些被流箭射死。前秦的百萬雄師就這樣不戰自敗，瞬間崩潰。

　　符堅的這次失敗讓中國統一的步伐推遲了兩個世紀。

南朝第一槍：宋武帝劉裕

　　淝水之戰的勝利並沒有能挽救奄奄一息的東晉王朝，反而使得東晉王朝的統治階層多了些僥倖心理，認為天助我也，結果政府更加黑暗。

　　公元 396 年，晉朝第十六任皇帝司馬德宗即位，跟西晉的司馬衷一樣，此人也是一個白癡，並且相較於司馬衷，白癡的程度還要嚴重。至少司馬衷還知道發問「為什麼不吃肉粥」，而這個司馬德宗不僅不會說話，自己冷熱飢飽都沒有感覺，真是悲哀至極。

　　司馬德宗即位之後，稱晉安帝，權力都由叔父司馬道子掌控。這個司馬道子早年還因為清靜淡泊受到謝安的稱讚，但是掌權之後人生態度和生活作風大變，奢侈無度，淫慾無常，將政權下放給他的兩個助手王國寶和王緒。

　　但是這兩人也不知是吃了什麼藥，竟然要驅逐地方上那些根深蒂固的軍事首長，這分明是逼人造反。果不其然，駐防京口（江蘇鎮江）的大將王恭起兵，指名道姓要討伐王國寶、王緒。迫於王恭的軍事實力以及各方的時局，司馬道子只能將王國寶、王緒處死。

　　從此以後，司馬道子再也不相信外人，只相信自己十六歲的兒子司馬元顯。可是司馬道子千算萬算，都沒有想到在權力面前，父子親情是多麼不值一提。司馬元顯接觸權力之後，很快就傾心於此，為了能夠永遠將權力握在手中，在父親喝醉之後，他

誘使晉安帝解除父親司徒及揚州刺史的職務，自己取而代之。司馬道子酒醒之後憤怒無比，看着兒子一臉痞相毫無辦法。

司馬元顯大權在握之後，大肆培養自己的勢力，迅速取代了父親的地位，成為當時朝廷中最有權勢的人物。自此，年少氣盛的司馬元顯開始驕傲，目空一切。

公元 402 年，地方大將桓玄蠢蠢欲動。桓玄是駐防江陵（湖北江陵）的大將，也是個靠父親餘蔭謀得高位的官二代。司馬元顯察覺到桓玄的篡權意圖，準備先下手為強，發兵討伐桓玄。

司馬元顯出任驃騎大將軍、大都督等高職，給了自己父親司馬道子一個太傅的稱號，便率軍順江東下。但是色厲內荏的司馬元顯哪裏是桓玄的對手，還未交戰，司馬元顯的軍隊就潰不成軍。司馬元顯被迫逃到了父親的府上，向父親問計。司馬道子搖頭痛哭，兩父子除了相對哭泣，竟一籌莫展。後來桓玄進軍建康之後，將司馬元顯斬首，流放司馬道子到安城郡（江西安福東南），不過後來桓玄還是毒死了司馬道子。

桓玄進軍建康之後，位居宰相，做了幾個月發現並不過癮，便於公元 403 年直接廢黜晉安帝司馬德宗，自己登基。登基那天，桓玄因為身肥體胖，竟然將皇座給坐塌了。文武百官頓時不知所措，幸虧當時殷仲文出來奉承道：「這都是聖德深厚，大地難以承受的緣故。」這才使桓玄避免了尷尬。

篡位之後，桓玄驕奢淫逸，加上他的性情本來就暴躁無常，朝野上下怨聲載道。桓玄自己也感到惶恐不安，有一次長江潮水在夜裏湧入了建康，喧嘩聲震天動地，桓玄從夢中驚醒，大喊道：「奴才們造反啦！」

果如他驚醒時呼喊的那樣，農民確實藉此造反。劉裕、何無

忌等將領紛紛率兵勤王，桓玄一面派
兵前去阻擋，一面往自己的老家江陵
撤退。最終做了六個月皇帝，桓玄被
起義軍殺死。劉裕攻入建康之後，白
癡皇帝司馬德宗再次上位，劉裕掌握
大權。

劉裕

當然，劉裕的野心並不低於桓
玄，他也想坐上皇帝的寶座。劉裕比桓玄聰明的地
方就在於他知道自己的軍事實力並不是絕對強大，
在那個門第等級觀念嚴重的社會，只有擁有壓倒性
的軍事勢力才能稱帝。

劉裕是西楚元王劉交的後裔，也算是大家族
的後代，到了自己父親劉翹之一代，明顯已經家道
中落。在劉裕少年時期，家裏就已經非常貧窮了，
只能靠種地、砍柴為生。小時候，劉裕骨子裏就有
種不服輸的精神。在東晉孝武帝時期，劉裕投身入
伍，開始他的戎馬生涯。

在軍中，劉裕一直默默無聞，直到淝水之戰他
才嶄露頭角。

公元 402 年，桓玄舉兵東下，攻入建康，奪了
劉牢之的兵權。劉裕審時度勢，投靠了桓玄，開始
韜光養晦。後來劉裕為桓玄屢立戰功，在北府的舊
部中有很高的聲望，桓玄也不敢小看他。等到桓玄
篡位之後，更是對劉裕關懷備至，恩寵非常。

桓玄的妻子劉氏是個很會識人的女人。劉氏多

次對桓玄吹耳邊風說：「從劉裕的行為舉止上看，他是個胸懷大志的人，他看待問題見解獨特，不會久居人下，應當盡早殺掉。」

怎料桓玄卻認為劉氏是婦人之見，便回道：「我要平定中原，非靠此人不可，怎麼好殺他？等平定了關隴，再殺不遲。」

劉裕在兩次北伐之後，為晉佔據了黃河以南、淮水以北以及漢水上游的大片土地，戰功赫赫。獲得如此戰績的劉裕很快就在朝廷樹立了無比崇高的威望，他先後被加封相國、宋公等稱號，地位比諸侯王還要高。

劉裕離自己的夢想只有一步之遙，那就是擋在他面前的晉安帝。不久之後，劉裕迫不及待地命心腹暗殺了晉安帝，立司馬德文為傀儡皇帝。公元 420 年，司馬德文在劉裕的操縱下，被迫讓位，劉裕即位，改國號宋，稱宋武帝。

南朝：怎一個亂字了得

劉裕死後，長子劉義符即位，是為宋少帝。根據歷史的記載，劉義符這個人荒淫無度，居喪無禮，是一個非常缺德的皇帝，最後被輔政大臣徐羨之、傅亮、謝晦等人殺掉。劉義符死後，他的弟弟劉義隆繼位，是為宋文帝。

宋文帝是個有謀略之人，經過一段時間的韜光養晦，他和出身貧寒的將領檀道濟合謀，除掉權臣徐羨之等人，重新控制朝政。宋文帝繼承宋武帝劉裕的治國精神，崇尚節儉，蕩滌吏治，也開創了一段盛世，元嘉之治，名聲雖然比不上什麼文景、貞觀，但亂世中能做到這份上，確實應該讚揚。

會治國不代表會打仗，宋文帝顯然沒意識到這點。公元 430 年，宋文帝多次北伐，結果勞民傷財，還吃了敗仗，導致國勢日衰。在這個過程中，名將檀道濟受到宋文帝猜忌，被誅殺。

後來，宋文帝幾次征討北魏，剛開始的時候取得了很大的戰果，但後來北魏全面反攻，宋文帝失敗而歸。453 年，宋文帝被太子殺死，第三子劉駿趁機篡位，即宋孝武帝。宋孝武帝也是一個非常荒淫非常殘暴的皇帝，他姦淫自己的姪女，屠殺廣陵城。劉駿死後，他的兒子劉子業當上皇帝，劉子業的荒淫殘暴比起父親有過之而無不及，他對宗室大開殺戒，對叔叔劉彧極盡侮辱。

劉彧身體肥胖，劉子業故意把他關進豬籠裏，封他為豬王，給他餵食都扔進豬槽裏。劉子業幾次想殺掉劉彧，都被劉彧的弟弟劉休仁依靠諂媚救了。後來，劉子業被臣子殺掉。劉彧被擁立

為皇帝。

　　說實話，在當皇帝之前，劉彧是一個很忠厚的人，可能是承受了非人的折磨，當上皇帝後，他性情大變，將劉駿的二十八個兒子全部殺掉，甚至還殺掉屢次救自己性命的劉休仁。

　　在劉彧手中，宋國的國祚日漸不昌，他的兒子繼位之後，大權旁落到將軍蕭道成手中。

　　公元 479 年，蕭道成篡位，建立齊國。齊國存在的時間很短，只有二十四年。

　　齊高帝蕭道成為政節儉，是個不錯的皇帝，可惜在位才四年就去世。繼位的是齊武帝，齊武帝也是個很清明的皇帝，與北魏和平共處，休養生息。齊武帝在位十一年，死後將皇位傳給孫子蕭昭業，蕭昭業當了一年皇帝就被叔公蕭鸞殺掉。蕭鸞廢帝自立，是為齊明帝。

　　齊明帝是齊國開國君主蕭道成的姪子，他繼位以後，大肆屠殺蕭道成的子孫，將蕭道成的後代殺得一乾二淨。齊明帝去世後，他的兒子蕭寶卷繼位。蕭寶卷屠殺顧命大臣，激起地方叛亂。叛亂平定後，他又大殺功臣。501 年，蕭衍起兵，滅掉蕭寶卷。502 年，蕭衍建立梁國。

　　梁武帝蕭衍是一個勤政愛民的好皇帝，蕭衍在位四十八年，學問淵博，多才多藝。在他晚年，部將侯景作亂，蕭衍被困於臺城，餓死在那裏，享年八十六歲。

　　梁武帝死後，梁國一蹶不振，朝政操縱在大臣手中。557年，原始興太守陳霸先篡位自立，建國為陳。陳武帝陳霸先勵精圖治，陳國在當時得到發展。陳武帝之後是陳文帝，陳文帝之後是陳廢帝。之所以叫做廢帝是因為他的叔叔篡位自立，是為陳宣

帝。陳宣帝之後，太子陳叔寶繼位，即陳後主。

　　這時候，北周朝政內亂，楊堅趁機建立隋朝。588 年，隋文帝派遣楊廣征討陳後主，陳被滅。

北魏孝文帝遷都

　　北朝時期，華北地區的第一個王朝就是北魏，又稱後魏、元魏、拓跋魏。

　　北魏是少數民族鮮卑拓跋部落建立的國家，相較於同族慕容部落建立的前燕、後燕等諸燕國家來說，文化程度要低得多。最早的時候，在北魏的領導人心中，國家只不過是一個大型部落而已。

　　那些官員根本就沒有薪俸，當然也不會白做事不拿錢。這些官員有一個特權，那就是無條件向老百姓索要，要一百是對得起你，要一千就是整死你。當然，老百姓中也有抗拒不給的，結果下場都很慘。為此，北魏的民變可以說是中國歷史上最多的。一直到公元 484 年，北魏的官員才由政府發放薪水，也就是他們開國九十九年之後。

　　北中國被統一之後，北魏由於經歷了五十多年的戰爭，開國時的那些精銳部隊，戰爭中崛起的將領大部分都戰死沙場。外加他們從之前佔有的一小塊土地變成如今整個華北平原，統治者已經很滿足，也不想再動兵戈，安於南北對峙的現狀。

　　公元 471 年，北魏的第七任皇帝拓跋宏即位，稱孝文帝。

　　拓跋宏是獻文帝拓跋弘的長子，李貴人所生。由於其聰明伶俐，深得眾人喜歡，三歲的時候就被立為皇太子。據說拓跋宏四歲的那年，獻文帝患病，拓跋宏便效仿古代孝廉，為父王吮吸膿瘡，讓獻文帝非常感動。

拓跋宏自幼接受漢文化教育，算是北魏開國以來第一個受過良好教育的君主。由於鮮卑族沒有文字，所以拓跋宏接觸漢文化之後，開始了盲目崇拜，覺得漢文化一切都是好的，鮮卑族一切都是落伍的，是壞的，於是他下定決心要自己的民族全盤接受漢族文化。

當時南齊帝國的使者蕭琛、范雲前來晉見，拓跋宏便接待了兩人，還與他們談論了很久，之後他激動地對大臣說：「南朝的臣子都非常賢良，都是好臣子！」此話一出，下面的大臣就不滿意了，高官李元凱出口回道：「南朝好臣子多，一年換一個皇帝。北朝無好臣，百年換一個皇帝。」拓跋宏聽完之後，面紅耳赤。

北魏原來的都城在平城（山西大同）北陲，並非富饒之地。此處作為都城之後，人口驟然上升，緊跟着通貨膨脹。糧食等物品需要從其他地方大量運送到都城，又沒有方便的水路可以行駛，生活成本大大增加。最後都城的老百姓還不及地方平民富裕。為了改變現狀，同時解除北邊蒙古高原上柔然人的威脅，也為了加速漢化，孝文帝決定遷都洛陽。

但是對於遷都一事，可以說是反對聲一片。反對派認為：都城南遷勢必會讓鮮卑人失去原有的勇猛強悍，拓跋氏族也就無法再繼續威震天下。為此，孝文帝大為頭疼，最後不得已，孝文帝想到一個詐術。

公元 493 年，孝文帝開始動員軍隊，宣稱要南征，進攻建國才十五年的南齊帝國。於是乎孝文帝親統三十萬大軍從首都平城浩浩蕩蕩向南進發。此時的北魏已經立國百年，貴族大多已經傳承到第三代第四代，過慣了安樂愜意的生活，早就忘了南方還有敵人，也沒有那種統一天下的雄心壯志。孝文帝突然要御駕南

征，大家心裏都不樂意。

大軍行至洛陽，親王大臣紛紛懇求孝文帝結束這次遠征。孝文帝先是拒絕，然後又假裝考慮，最終鬆口道：「我們大費周章南下征討，卻不明不白地就要停戰，回去怎麼向國人交代？如果真的要休兵，不如就遷都到洛陽，也可以算個理由，自圓其說了。」

大臣們無奈至極，他們不願意遷都，更不願意上陣打仗，如果非要在兩者之中選一個最不願意做的事，那還是不打仗，遷都就遷都吧。

成功遷都之後，孝文帝雷厲風行地頒佈了其後的漢化措施，例如禁止再穿鮮卑族的傳統衣服，要穿漢服；將漢語作為官方語言，30 歲以下禁止說鮮卑語；將原有的鮮卑姓氏改為漢姓，像「拓跋」便改為了「元」，「獨孤」改為了「劉」等。

種種漢化改革的措施為中國古代各民族之間的融合做出了傑出的貢獻。公元 499 年，孝文帝英年早逝，無法再在民族融合事業上創造更大的業績。

北魏孝文帝禮佛圖

北朝更瘋狂

公元 550 年，東魏的皇帝元善被宰相高洋逼迫退位，高洋即位，改國號為齊。這個北齊帝國可以說是一幫瘋子的集結，國主高洋就是個喪心病狂的精神病患者。

在暴虐方面，高洋跟前秦苻生不分伯仲。高洋喜歡在宮殿上準備一口鍋和一把鋸子，喝酒是一件樂事，殺人更是一件樂事。又由於他每天都要喝醉，所以他每天都要殺人。宮女、宦官、親信每天都有慘死在他鋸子下的。後來宮人不夠殺，司法部門便將已經判定死刑的罪犯送到皇宮，供高洋殺人取樂。再到後來死囚都不夠供應，便將還在審訊的犯人送到皇宮，讓其跟在高洋身後，如果其三個月還沒有被高洋殺死，就可以無罪釋放，不過這樣的概率只怕比死而復生還低。

高洋性格怪異，發瘋起來六親不認，並且睚眥必報。宰相高隆曾經對高洋無禮，後來高洋記起了這段往事，便下令將高隆殺死，還將高隆的二十幾個兒子叫到身前，一個示意，眾人身後的衛士大刀齊下，二十幾個人頭落地。

後來宰相李暹病逝，高洋便跑去弔祭，他看到李暹的妻子哭得就跟淚人一樣，便問道：「想不想你丈夫啊？」李暹的妻子擦擦眼淚回道：「結髮夫妻，怎麼會不想？」高洋突然陰陽怪氣地說道：「既然想念，為何不一同前往！」手起刀落，李暹的妻子人頭落地。

高洋當時非常寵愛一個叫薛嬪妃的妃子，此外還與薛嬪妃的

姐姐暗中私通。有一天高洋去薛嬪妃姐姐家裏喝酒，姐姐便想趁着高洋酒醉，讓他賞一個大官給她父親。怎料高洋突然變臉，叫衛士將其吊起來，用鋸子活活將其鋸死。為此，他還感覺不夠，想到薛嬪妃是妓女出身，被其他男人睡過心中就很不爽，於是又將薛嬪妃殺死，將其頭顱割下來放在懷裏去參加宴會。等到大家興致高漲之時，將頭顱甩出，眾人皆驚。高洋還將其屍體肢解，將腿骨做成琵琶，邊彈邊唱：「佳人難得啊！」

高洋一生做過無數件令人髮指的事，最後一件就是將北魏元姓的皇族全部屠殺，將嬰兒拋入空中，用鐵矛刺死。統治如此暴虐，北齊帝國自然不會長久。

公元 556 年，西魏太師宇文泰去世，臨終前囑咐姪子宇文護輔佐世子宇文覺。宇文泰死後，宇文護果真不負宇文泰的重託，他逼迫恭帝拓跋廓「禪位」，宇文覺稱帝，建立北周王朝，稱孝閔帝。

當然，這個孝閔帝也只是個有名無實的傀儡皇帝，而宇文護才是無冕之王。到了武帝宇文邕的時候，兩方為了爭權，出現了爭執。宇文邕不是個吃素的，他不滿宇文護的擅權，更不滿宇文護禍國殃民，便於公元 572 年，將宇文護誘入內殿，派人將其擊殺。

宇文邕掌權之後，一直都想將北齊滅掉，到了北齊高緯繼位，宇文邕終於看到了機會。

高緯是個將殘暴、荒淫發揮到極致的君主。他上位之後，做了一件荒唐至極的事，就是誣陷最忠心的宰相兼軍事奇才斛律光謀反，將其處死，屠滅三族。宇文邕聽到這件事之後，高興萬分，他之所以一直沒有對北齊用兵就是忌憚斛律光，如今北齊的

君主親自為他解決了這個麻煩，真是天意。於是下令大赦，然後出兵北齊。

公元 576 年，宇文邕發兵北齊，包圍了晉州（山西臨汾）。時年二十歲的高緯率兵前去救援。救兵如救火，援軍本該加快行軍速度，然而恰恰相反，高緯卻因為要討好其最寵愛的妃子馮小憐，竟然沿途停頓打獵。

當時晉州的告急文書一封又一封，宰相高阿那肱卻奉承說：「邊疆小小交兵，只是平常小事。君王日理萬機，偶爾出來遊玩打獵，我們不應該稟報，大煞風景。」後來等到晉州失守，這些諂媚之臣才不得不將這件事告訴高緯。

怎料高緯仍舊不思悔改，當時他動過回城的念頭，然而馮小憐一個撒嬌，說再殺一圍也不遲，於是高緯便又留下來殺了一圍。這打獵殺一圍的時間少則一日，多則三日，就趁着這段時間，北周加強了晉州的防禦工事。

後來高緯率軍到了晉城之後，日夜攻城，終於將城牆攻陷了一個十幾步的缺口。就在大軍要衝進去的時候，高緯竟然下令暫停，他要去請馮小憐前來觀看這兩軍肉搏的場景。此時的馮小憐並未立刻趕來，而是在給自己化妝，這一副妝容化了多久沒有人知道，總之待馮小憐趕到的時候北周軍已經將缺口堵好，北齊軍再無法攻入。就這樣，雙方開始僵持，持續了一個月之久。後來宇文邕親自率領援軍前來助戰，雙方在晉州城外決戰，北齊有高緯這樣荒唐的君王，又怎能獲勝呢。

兵敗之後，高緯逃回都城，傳位給了自己八歲的兒子。不久之後還是被北周所滅，高緯本人雖未被當即處死，宇文邕又怎麼會安心留他活在人世，最後還是找了個借口將其連同子孫一齊處

死。而禍國殃民的馮小憐下場也好不到哪裏去，最後淪為奴隸，給人舂米。那些皇后公主最後也都流落民間，賣「取燈」（古代的火柴）為生。

　　至此，中國北方為北周所統一。

第七章

隋唐往事，
並不如煙

隋煬帝荒淫無道，但他的文治武功也並非一無是處；李世民是一代明君，但他殺兄逼父的逆行也毋庸諱言。歷史人物就是這麼複雜，也因其複雜而變得鮮活生動。回首盛唐氣象，無論如何也越不過龍椅上那個女性的身影 —— 武則天。

南北歸隋

　　宇文邕雄心壯志，在成功統一北方之後，準備出兵征戰南方的陳朝。大軍浩浩蕩蕩，斬獲頗豐，將陳朝的淮南之地盡收囊中，並且生擒陳朝大將吳明徹，殲滅陳朝主力軍隊三萬多人。正當北周準備一鼓作氣拿下陳朝的時候，北周君王宇文邕逝世，二十歲的宇文贇繼位，稱周宣帝。

　　周宣帝也是中國歷史上出了名的荒淫君王。宇文贇的老爸宇文邕對其管教十分嚴格，這段時間宇文贇的表現還是可圈可點的。宇文贇被立為太子之後，宇文邕便下令東宮禁止喝酒，為了順從自己的老爸，宇文贇表面上只能裝得老老實實，私下裏在大臣鄭譯的庇護下，過着放蕩不羈的生活。

　　只要宇文贇犯了什麼錯誤，宇文邕便親自動手，連打帶罵，還威脅道：「自古以來，太子被廢黜的例子數不勝數，如果你覺得就你有資格繼承皇位，那就大錯特錯！你還是小心收斂為妙！」當然，宇文邕並不是真的想廢黜宇文贇，雖然宇文贇並無才德，但是其他的兒子年紀都比較小，他也只是打罵宇文贇，希望棍棒之下出孝子而已。

　　然而一切並未按照宇文邕預想的方向發展，情況剛好相反。公元 578 年，三十三歲的宇文邕突然患病身亡，大臣們和後宮的妃子無不為這個英年早逝的君王扼腕痛惜，然而宇文贇卻毫無悲傷之色，躲在一旁撫摸身上被宇文邕鞭打時留下的傷痕，恨恨道：「老頭子死得太晚了！」

宇文贇繼位之後，第一件事就是將老爸後宮之中的嬪妃召集起來，將姿色上乘的佔為己用，滿足其淫慾。第二件事便是「知恩圖報」，將奉承自己的鄭譯提拔為高官。隨後，宇文贇的行為越來越放縱，廣召美女入宮，在後宮連續八九日不問政治，一直與眾妃子歡好。還殘害忠良，將之前在武帝面前批評過他的宇文孝伯和王軌處死。

後來，宇文贇為了集中精力玩女人，將皇位傳給了年僅六歲的太子宇文闡。縱慾最終讓宇文贇付出了生命的代價，公元 580 年，二十二歲的宇文贇發病身亡，朝政大權落到丞相楊堅的手中。

公元 581 年，聲望厚隆的楊堅接過宇文闡「禪讓」的帝位，改國號「隋」，廟號隋文帝。

隋文帝繼承了北周強大的國力，他先是大刀闊斧地將威脅到自己政權的障礙剷除，待到內部穩定，開始着手一統天下的大計。公元 587 年，南梁帝國的最後一任皇帝蕭琮入朝歸順，至此，只剩下一個陳國還沒有回歸大一統的懷抱。

陳國是整個南北朝唯一一個沒有出過暴君的國家，但是到了末代還是出現了陳叔寶這樣的大昏君。

陳叔寶每天都沉迷於酒色之中，不理政事。他有八個很受寵愛的姬妾，每次在宮廷舉行宴會，他便邀請多名詩人，與八位美女坐在一起，飲酒作詩，

楊堅

然後再在其中挑選最香豔的詩詞，作成歌曲，讓幾千名宮女歌唱，其中大致內容無非是讚美這八位美人如何如何漂亮。

八位寵妾之中，陳叔寶又最喜歡張麗華和孔貴嬪。據記載，張麗華是個絕美的女子，有着一頭秀美的落地長髮，並且性情寬厚，非常聰明，對於朝中的政事了若指掌。陳叔寶是個無能昏君，批閱公文的時候便讓張麗華坐在自己的腿上指點自己。

這件事不知怎麼就被某些大臣知道了，於是便通過宦官與張麗華搭上了線，開始做一些買賣官職、製造冤獄的勾當。孔貴嬪也不是吃素的主，她與宰相孔範結為了兄妹，將一大批有才無德的人任命為官員，將陳叔寶當作木偶一樣玩弄。

再説隋文帝這邊，他並沒有一開始便與陳朝撕破臉，反而對陳朝以禮相待。當時抓到陳朝的奸細都寬厚對待，還贈送馬匹衣物，供其返國。這樣的舉動並沒有博得陳朝的好感，反而讓陳叔寶覺得隋朝是個軟弱無能的國家，便對隋朝表現出狂妄不屑的姿態，這讓隋朝上下無不同仇敵愾。

公元 588 年，隋文帝下詔，痛斥了陳叔寶的二十條罪狀，命人抄寫了三十萬份，在江南邊境散發。同年 12 月，隋文帝出兵陳國。陳叔寶聽說了隋朝出兵來攻打自己，竟大笑道：「早前北齊侵略過我們三次，北周侵略過我們兩次，都以失敗告終，為什麼楊堅就不吸取歷史教訓呢？」

更可笑的是當時有人來報告說大批戰馬死亡，宰相孔範竟然誇張怒喝：「那是我們的馬，為什麼讓牠們死！」

就是這樣的狂妄自大，公元 589 年，隋軍輕而易舉攻入了建康。當時陳叔寶還在宮殿之上坐朝，聽說敵軍已經攻入都城，急忙逃去，大臣都攔住他，希望他衣冠整齊，在大殿之上看情

勢變化再作定奪。陳叔寶卻說：「刀槍非同兒戲，我心中自有
妙計！」

　　這妙計就是躲到宮中一口深井之中。後來隋軍四處搜索，找
不到陳叔寶，便揚言要往井下丟石頭，陳叔寶這才呼救，引得隋
軍注意。隋軍在拉其上來之時，感覺沉重非常，等到拉上來之後
才發現，原來除了陳叔寶，還有張麗華和孔貴嬪。

　　戰後，陳姓皇族受到禮遇，都安然無恙，陳叔寶還被封為
公爵。孔貴嬪下落不明，倒是張麗華，承擔了陳國亡國所有的責
任，身首異處。

　　陳國滅亡之後，分裂的南北朝在隋朝統治下，終於統一。中
國從此再也沒有鮮卑、匈奴、羯、氐、羌之分，翻開了歷史的新
篇章。

好大喜功的隋煬帝

隋朝大業已定，可惜極其短暫，這就不得不提一下隋朝的亡國之君，隋煬帝楊廣。

楊廣是隋朝的第二任皇帝，他是一個極度善於偽裝的偽君子。他相貌俊美，聰明伶俐，善於察言觀色，懂得人情世故，很得父親楊堅、母親獨孤皇后的喜歡。這些特點無疑是他成功地將哥哥楊勇擠下太子之位的本錢。

公元 581 年，年僅十三歲的楊廣被立為晉王，其後不久又被授武衞大將軍，位高權重。

楊廣年紀輕輕就官居高位，除了父親隋文帝的庇護之外，也少不了他自己的努力。青年時代的楊廣善於隱忍，非常好學，經常能寫出上乘的文章。不僅如此，他為人非常謙和，贏得朝野群臣的好感。

有一次，楊廣率領群臣圍獵的時候，暴雨突然從天而降，侍衞立即遞上雨衣，當時楊廣卻推辭不穿，一本正經地說道：「現在將士們都渾身淋濕，我怎麼能獨善其身呢？你們將雨衣拿走。」這樣的舉動雖然並不一定出自楊廣真心，但是一般的士卒和百姓自然信以為真，紛紛誇讚這個人，使得他的聲譽很快超過其他幾個兄弟。

當時擋在楊廣通向太子之位最大的敵人便是兄長楊勇。楊勇是個做事不拘小節，疏闊豪爽的人，偏偏如此，讓楊廣有機可乘。

　　獨孤皇后非常討厭男人討小老婆，這楊勇就偏偏找了很多小老婆，而楊廣卻只有蕭妃一個女人；楊堅最恨人花天酒地，奢侈浪費，楊勇就偏偏很喜歡歌舞，通宵達旦，再反觀楊廣，家中奴婢又老又醜，樂器落滿灰塵，琴弦都斷了；老夫妻倆到楊勇家裏，楊勇根本無暇顧及他們，再到楊廣家中，楊廣與其妻子兩人親自在門口迎接，送上厚禮，對老夫妻關懷備至。

　　這樣一個對比，楊勇自然就被比下去了。當一切都在楊廣操縱之下時，公元 600 年，在楊廣的策劃之下，「謀反之罪」莫名其妙就戴到了楊勇頭上，楊勇被廢黜太子之位，貶為平民，楊廣被立為太子。

　　楊廣激動萬分，一切都按照自己的計劃發展。公元 600 年，獨孤皇后逝世，這加快了楊廣暴露本性的步伐。公元 604 年，楊廣終於將自己偽善的真面目公之於眾。當時楊堅已經患病，在距離長安一百二十公里的仁壽宮避暑，楊廣奉命前來服侍。

楊廣

　　楊廣看到自己的父親重病，即將不久於人世，自己就要大權在握，一統天下，怎麼能不高興。心情如此激動，以至於他無法繼續偽裝下去，當即便對他老爹楊堅最寵愛的陳夫人做出無禮的舉動。他趁陳夫人上廁所的時候一把將其抱住，陳夫人掙扎出

逃，梨花帶雨，被楊堅看到，楊堅便問她怎麼回事，她如實道：「太子對我無禮。」楊堅此時才徹悟，大呼：「獨孤誤我！」當即便命令自己的親信去召喚楊勇，卻不幸消息走漏，楊廣先下手為強，將傳令的親信抓捕，派兵包圍了仁壽宮。與此同時，楊廣的屬下張衡闖進楊堅的臥室，將其殺死。

　　楊廣弒父之後做的第一件事就是將陳夫人當成了自己的枕邊玩物，第二件事便是派人將楊勇殺害，隨即調動大軍，將五弟漢王楊諒生擒，囚禁至死。

　　這一系列動作結束之後，楊廣心安理得地登基稱帝，開始着手於他的浩大工程，修通運河、修建東都、遷都洛陽。

　　隋煬帝的好大喜功、奢侈浪費的本性暴露無遺，他為自己的種種行為都加上冠冕堂皇的借口。在徵用百萬人營建東都時，楊廣的理由是：好的君主應該廣泛聽取民眾的意見，如今都城長安過於偏遠，遠離中原，不利於我視察民情，所以應當建造東京，便於讓我治理國家……

　　不僅如此，隋煬帝還雄心壯志，想要成為「威震天下」的雄主。當時由於高句麗王沒有朝見自己，他耿耿於懷，多次出征高句麗，但是國內已經因為沉重的賦役，連年的戰亂動盪不堪，農民起義此起彼伏。隋煬帝不管不顧，只求發洩心頭那一口怨氣，到了公元 616 年，天下三分之二的領土都落入了各地「盜賊」之手。

驚變玄武門

　　隋朝晚期，轟轟烈烈的「盜賊」運動愈演愈烈，等到公元617年的時候，楊廣只能一年四季都待在江都，因為他已經無處可去，遍地是「盜賊」。

　　楊廣也不是什麼都沒有做，早前他派了唐國公李淵去鎮壓「盜賊」，這一舉動親手將自己送上了鬼門關。

　　李淵是貴族出身，祖父李虎和父親李昞在北魏、西魏和北周時期都身居高位，是「八柱國家」之一，受封為唐國公的爵號。李淵七歲就襲爵唐國公，隨後又榮升為皇上的貼身保鏢。不僅如此，李淵的母親獨孤氏和隋文帝的老婆獨孤皇后是同胞姐妹，可以說李淵與隋朝王室的關係非同一般。

　　當時李淵留守太原，與馬邑太守劉仁恭一起防禦突厥，隨即又接到隋煬帝的命令，鎮壓各地竄起的「盜賊」勢力，李淵便勤勤懇懇地去鎮壓「盜賊」。就在這段時間，有個善於相面的隋朝官員夏侯端勸李淵起兵造反，成就大業，李淵心中忠君的信念開始動搖。其後，江東那邊傳來了消息，說隋煬帝要加罪於李淵，責怪其抵禦突厥不力。這一舉動讓還在猶豫要不要造反的李淵徹底下定了決心，當即便鋌而走險，準備起兵事宜。

　　李淵先是與突厥達成協議，共同進軍長安，沒過多久便攻克城池。李淵在長安擁戴十三歲的楊侑為帝，稱恭帝。李淵自任尚書令、大丞相、進封唐王。

　　再說隋煬帝楊廣這邊，他在江東已經沒有再收復自己江山

的想法，只想天天窩在江都，讓成千上萬的美女服侍自己，日子呆久了，發現還是挺愜意的。楊廣這麼想，但是他手下的那些大臣不這麼想，隨從的官員以及侍衛都是北方人，不想長期留在南方，況且他們也沒有楊廣這樣的待遇，每天好吃好喝，成千上萬的美女伺候，於是有人就起了反叛之心。

右屯衞將軍宇文化及便招來眾人，商議叛變之事。這件事不知怎麼被一個宮女知曉，這個宮女便去向楊廣報告，還指望得到些賞賜，怎料楊廣聽後，因為想不到解決的辦法，竟將所有怒氣都發在宮女身上，命人將其處斬。

公元 618 年，楊廣最親信的大臣宇文化及率領禁衞軍入宮，指責楊廣的罪責，欲將其誅殺。當時楊廣逃到了一個小房間裏躲避，被一個恨透了他的女人指出所在。禁衞軍將其拖了出來，正欲動手，楊廣竟然恬不知恥地說道：「我有什麼罪，對我如此？」禁衞軍理都不理他，當着他的面將其十二歲的兒子楊杲殺死，此時楊廣才如夢初醒，別說指望能像當初陳叔寶一樣混個公爵做做，現在只怕自己求個像樣的死法都沒有可能了。

楊廣心灰意冷，還是開口說出了他人生最後一個願望，希望服毒自殺。當時那些禁衞軍哪裏還給他情面，根本不願意浪費時間，直接將其絞死。就這樣，五十歲的楊廣結束了自己荒淫而又輝煌的一生，也同時將隋朝帶到了歷史的終點。

公元 618 年 5 月，隋煬帝楊廣被殺的消息傳到長安之後，李淵當即廢掉楊侑，在太極殿上自己登基稱帝，建國號為唐，稱唐高祖。立長子李建成為太子，次子李世民為秦王，四子李元吉為齊王，置文武百官，唐朝就此建立。

唐朝建立之後，唐高祖開始了他的統一大業，着手除去那些

各地的割據「盜賊」。公元 618 年，唐高祖派李世民率軍平定了割據金城（甘肅蘭州）的軍閥薛舉、薛仁果（或作杲）父子以及割據涼州的軍閥李軌，收復隴右、河西的失地。

其後唐高祖又派李世民平定了馬邑的劉武周，收復河東；公元 621 年 5 月，李世民又率軍平定洛陽的王世充，鎮壓了河北竇建德起義軍；一年之後，李世民和李建成又先後鎮壓了劉黑闥的武裝叛亂，再次平定河北；最後，割據江陵的軍閥蕭銑，擁兵丹陽（江蘇南京）的農民軍首領輔公祏等相繼被平定，至此隋末的群雄割據，「盜賊」四起的混亂局面結束，全國又歸一統。

唐朝統一全國之後，李家自己人因為分贓不均開始了激烈的內部爭鬥。早在太原起兵之時，整個起事的過程李世民出力最大，其後多年的統一戰爭中，李世民又身先士卒，南征北戰，勞苦功高。唐高祖曾經也承諾過，事成之後將太子之位給李世民；而如今唐高祖卻……

唐高祖本人展現出來的文才武略並不突出，但是他的三個兒子：長子李建成、次子李世民、四子李元吉都有過人的地方。公元 626 年 6 月，李建成在東宮宴請李世民，在其酒中下毒。李世民喝完就覺得腹中疼痛，吐血不止，後被人送回了秦府。高祖聽聞之後，當即前來探視。

高祖見李世民逐漸清醒之後，便說道：「太原起兵的事是你先倡導的；平定天下功勞也是你最大，當初我想立你做太子，你卻推辭不受，現在李建成已經做了太子多年，我也不想廢了他。你們兄弟之間始終不合，如果你還住在京城，難免還要發生爭執，我看你還是回洛陽好了，在那裏建天子旗號，從此以後潼關以東都歸你管。」李世民好漢不吃眼前虧，當下便表示願意前往。

但是李建成和李元吉又覺得讓李世民去洛陽就是放虎歸山，以後難以控制，便召集親近大臣，去太祖面前陳說厲害，太祖果然改變了主意，不僅沒有再提讓李世民去洛陽的事，還企圖謀害李世民。

當時李世民的幕僚長孫無忌、房玄齡等人都勸李世民及時動手，先發制人，至此，李世民開始有了殺兄之心。同年6月3日，李世民派人密奏高祖，告發李建成、李元吉淫亂後宮，還說道：「我對兄弟從來沒有絲毫的辜負之心，他們卻恩將仇報，千方百計陷害我，就好像要替王世充和竇建德報仇一樣。要是我被害死，不但永遠離你膝下，就是魂歸九泉，也沒臉見那些被我殺死的盜賊流寇！」高祖見奏狀，心中驚愕，派人回報讓其明日一定要上朝，他會親自過問這件事。

第二天清晨，李世民帶着長孫無忌、秦叔寶等九人在宮城北面的玄武門內埋伏，伺機殺死李建成和李元吉。李建成和李元吉自認為今日玄武門值班將領是自己的心腹，所以也沒有多設防，兩人優哉遊哉地前行，殊不知值班將領早就被李世民收買，已經準備倒戈相向。

當兩人行至臨湖殿的時候，李世民一眾人從門內殺出，李建成和李元吉兩人頓感大事不妙，駕馬便欲逃跑。李世民緊追不捨，並一箭射中李建成後心，李建成墜馬而亡。其後李世民又射中李元吉，李元吉受傷墜馬，怎料就在此時，李世民的戰馬受到驚嚇，向樹林竄跑，李世民被樹枝刮下馬來。

李元吉見狀，立即趕到，搶過硬弓，想要用弓弦勒死李世民。就在這關鍵時刻，李世民的部將尉遲敬德趕到，一箭射死了李元吉，順勢割下了李元吉和李建成的腦袋。東宮的將士聞訊還

想來護主，隨即看到了李建成和李元吉的腦袋，紛紛作鳥獸散。

當時唐高祖正和裴寂、陳叔達等人在宮中湖上泛舟，聽説了這件事之後，高祖慌亂至極，不知所措。裴、陳等人順勢便勸説道：「秦王功蓋天下，率土歸心，陛下不如就將其立為太子，一切就會安好如初。」高祖無奈，只得贊同，還假惺惺地説：「這是我長久以來的心願！」

玄武門之變以後，在李世民的逼迫之下，唐高祖讓位，自己退居太上皇。李世民又是弒殺親兄弟，又是逼父親退位，儼然就跟第二個楊廣一樣。但是歷史的重演僅就到此為止，後面楊廣與李世民便向着相反的方向開始發展。李世民憑藉高超的政治智慧，成為中國歷史上眾多傑出的君王之一，開創了幾百年的大唐盛世。

唐太宗

貞觀之治

　　李世民即位之後，稱太宗。唐太宗在位期間，「安百姓」、「重人才」、「強政治」，很快便建立了一個強大的中央政權。他還開放國境，鼓勵商業，在他的努力下，唐朝出現了第一個小高潮——貞觀之治。

　　唐太宗之所以能夠取得這麼高的成就，這跟他的個人魅力是分不開的。他沒有像一般的君王那樣，對權力慾望表現得非常貪婪，而是將權力巧妙地分散下去。唐太宗還鼓勵大臣對自己進諫，作出從諫如流的姿態。

　　唐太宗對大臣說：「君王如果剛愎自用，自以為是，他的部下一定會諂媚他。其結果就是君主失去天下，部下也難以善終。隋朝先例，宰相虞世基一味阿諛奉承楊廣，為了保全自己的富貴，後來隋滅，楊廣死，其結果一樣是難逃一死。各位應當引以為戒。」

　　唐太宗是個說到做到的人，他的大臣魏徵是個經常給他提意見的人。有一次，唐太宗下令男子即使不滿十八歲，只要身體強健，也可以參軍。魏徵便提出反對意見，唐太宗解釋說：「現在有些奸民為了逃避兵役，故意少報年齡的。」

　　魏徵便回道：「陛下常說以誠信待天下，要老百姓不能欺詐，可是你卻先如此失信於民。」李世民聽完，愕然萬分。魏徵繼續道：「陛下不誠信待人在先，所以才疑心百姓詐欺。」

　　李世民聽完，當即收回命令。

魏徵多次犯顏直諫，即使唐太宗在氣頭上，他也敢直言進諫，從不退讓。久而久之，唐太宗心裏竟然對魏徵有了敬畏之心。有一次，太宗想要去山中打獵，行裝一切準備妥當，卻遲遲沒有出發。後來魏徵便向太宗問起了這件事，太宗笑道：「當初確實有這個想法，但是怕你又要進諫，所以便猶豫掙扎，最後打消了這個念頭。」

魏徵

還有一次，太宗得到了一隻非常難得的鷂鷹，便將其放在肩膀上，大搖大擺，很是神氣。就在此時，太宗看到了迎面而來的魏徵，急忙將鳥藏入懷中。魏徵老遠就看到了太宗的舉動，故意慢吞吞地上奏政事，拖延時間，最後鷂鷹竟然在太宗懷裏活活悶死。

太宗有一次忍受不了魏徵的直言指責，大怒回宮，口中還喊道：「我要殺了這個莊稼老漢！」太宗的皇后，賢淑的長孫皇后便問這個莊稼老漢是誰，太宗便說：「當然是那個魏徵，他總是在大庭廣眾之下對我直言，駁我面子。」

長孫皇后當即換上皇后的朝服，向太宗參拜，說道：「我聽說，領袖英明部下才會正直，魏徵之所以正直，正是由於你的英明，我當然要向你行禮祝賀。」李世民這才又靜下心來，前思後想，覺得自己剛才確實過分，不久之後，魏徵便被提升為宰相。

196

魏徵死後，太宗親自前去弔唁，失聲痛哭，說道：「以銅為鏡，可以正衣冠；以歷史為鏡，可以知道朝代更替的原因；以人為鏡，可以知道自己的得失。我常用這三面鏡子，防止自己犯過失。如今魏徵病逝，我便失去了一面鏡子。」

唐太宗的賢明開啟了貞觀之治。貞觀之治是唐朝後來繁榮的基礎，為開元盛世奠定了有力的基礎。

貞觀之治期間，犯罪率極低，人民安居樂業。當時國界開放，長安不僅是唐朝的首都，更是世界性的大都市，各國的有才之士都爭先恐後地往長安擠，目睹中國盛世。當時朝中也有很多阿拉伯、日本的官員，可想當時統治者有多麼開明。

貞觀王朝，吏治清明。在唐太宗的賢明領導下，官員主動自律，做好自己的本職工作，貪官在此期間無處藏身。不僅如此，這個時期也是中國封建王朝少有的沒有歧視商業的朝代，當時世界上出名的商業城市，有一半都集中在中國。

貞觀之治之後，中國即將迎來前所未有的空前盛世，那便是開元盛世！

一代女皇武則天

唐太宗死後，太子李治即位，稱唐高宗。這個唐高宗也是個悲劇人物，被一個女人玩弄於股掌之間，這個女人便是武則天。

武則天小時候性格就倔強，不喜歡做女人們喜歡做的活兒，偏偏喜歡讀書，故知書達禮，對政事也頗知一二。公元 637 年，唐太宗聽說十四歲的武則天已經是個極品美人了，便將其納入宮中封為四品才人。在那個時候，唐朝的後宮妃嬪有十九個等級，而武則天才位列第十六個等級而已，地位非常低。

武則天入宮之前向捨不得自己離去的母親告別時說：「侍奉聖明天子，焉知非福，為何要哭哭啼啼，做兒女之態？」

還有一件事可以說明武則天爭強的性格，及她的氣魄。當時太宗有一匹叫獅子驄的烈馬無人能夠馴服，一心想要上位的武則天便主動對唐太宗說：「我能夠制服這匹烈馬，需要三件東西：鐵鞭，鐵楇，匕首。我先用鐵鞭抽地，如果不服，再用鐵楇敲擊地頭部，再不服就用匕首割地的喉嚨。」太宗聽後，感覺很震驚。

武則天一心想要往上爬，可惜唐太宗對她不太欣賞。她固然漂亮，然而性格不是唐太宗喜歡的類型。唐太宗去世後，按照當時的規定，所有已故的皇帝的姬妾都要削髮為尼，在佛門青燈之下孤獨終老。武則天不想就此認命，她在等待命運女神的眷顧。

公元 650 年，唐高宗在太宗祭日這天帶着皇后去感業寺進香，巧遇武則天。早在高宗做太子的時候便非常傾慕武則天，如今再次相見，物是人非。兩人相視而泣，暗表衷腸。這些小動作

都沒有逃過皇后的眼睛。

　　王皇后一直沒有兒子，她的情敵蕭淑妃對自己的威脅越來越大，王皇后就想到一計。她看出武則天和高宗之間有一段不淺的舊情，不如就滿足高宗的願望，將武則天召進宮，用來牽制蕭淑妃。隨即，王皇后便向高宗提議，高宗聽後，喜出望外，將其接入宮中。

　　當時武則天三十一歲，高宗二十七歲。再看一下兩人的人生閱歷，武則天從十四歲入宮開始接觸宮中的人情世故，為了存活，心機和城府都非常深，可以說是一個美麗妖嬈的毒蜘蛛；再看高宗，在宮中一帆風順地成長，沒啥人生閱歷，更沒受到什麼挫折，沒什麼心機，如果說武則天是一隻毒蜘蛛的話，那麼高宗就像一隻脆弱的飛蛾。飛蛾落入了毒蜘蛛的網中，還不是任其擺佈。

　　武則天入宮之後，做的第一件大事就是爭奪皇后之位。為了奪位，她恩將仇報，設計陷害王皇后，趁機將蕭淑妃一同除掉。當時武則天生了一個女兒，高宗非常喜歡。有一天王皇后獨自來探望這

武后步輦圖

個女嬰，武則天知道後，立刻迴避。等到王皇后走了之後，武則天便用棉被將女嬰扼殺。

　　高宗下朝之後想去看看自己疼愛的女兒，卻見到另一番景象，女嬰已死，武則天在一旁傷心欲絕，大為憤

怒，一問之下，聽說之前王皇后來過，頓時心中有了指責對象。武則天又在一旁有意無意地說着王皇后的不是，終於讓高宗有了廢立皇后的想法。

公元 655 年 11 月，高宗在武則天和被收買的幾個重臣的慫恿下，頒下詔書：王皇后和蕭淑妃因為「陰謀下毒」，被貶為庶人，並囚禁。她們的父母、兄弟都受到牽連，罷官流放。七天之後，武則天被立為皇后，還將反對此事的宰相褚遂良貶官。

其後，武則天還不放心，她又派人將囚禁中的王皇后、蕭淑妃各打了一百棍杖，並割去手足，投入酒缸之中，隨後還氣憤地丟下一句：「讓這兩個潑婦的骨頭醉死在酒中！」王皇后和蕭淑妃此時後悔莫及，在酒缸之內哭喊了幾天幾夜，臨死之前蕭淑妃大聲罵道：「阿武妖精，竟然如此狠毒！我要來生轉世為貓，她做老鼠，我要活活將她咬死。」就為此事，武則天日後經常做噩夢，夢到王、蕭二人披頭散髮在宮中作祟，傳說武則天後來遷都到洛陽也與此事有關。

武則天當上皇后之後，又捏造罪名，將反對自己的長孫無忌等人罷官，貶出京師。

公元 683 年，高宗病逝，太子李顯繼位，稱唐中宗。高宗留下的遺詔中明確指出：「軍國大事要是有不能決定的，就由武則天決定。」有了這句話，武則天做事自然毫無顧忌，已經被尊為皇太后的她在一年之後便將唐中宗廢為廬陵王，立四子李旦為帝，稱唐睿宗，自己開始垂簾聽政。

公元 690 年，武則天認為時機成熟，將做了七年木偶的李旦端下皇座，自己堂而皇之地登基稱帝，改唐為周，是為大周聖神皇帝，史稱此段時間為南周或者武周。

　　武則天當上皇帝的時候已經六十多歲，在那個時候，幾乎各方勢力都反對她做皇帝，原因就是在當時儒家學派禮教的社會，是不允許女人做皇帝的。然而武則天衝破重重阻礙，用鐵血手段讓那些反對自己的人乖乖地閉上嘴巴。

　　公元 698 年，武則天在狄仁傑等人的進諫之下，重新將盧陵王李顯召回長安，立為太子。到了公元 705 年，武則天病重，宰相張柬之與眾大臣率羽林軍五百多人衝入宮中，逼迫武則天傳位給太子李顯。同年 11 月，武則天在臨死之前下令除去大周帝號，稱則天大聖皇后。不久之後便去世。

安史之亂

　　唐王朝隨着李顯登基，就此復辟。

　　李顯和他的老爸李治一樣是個昏庸無能之輩，登基之後便重蹈其老爸的覆轍，讓韋皇后與其一齊參政。不僅如此，這個韋皇后還為李顯生了一個女兒，也就是安樂公主。這個安樂公主也是一個權力慾望非常強烈的女人，她和她的母親參政之後，公開受賄賣官，李顯還昏庸地對安樂公主寵愛非常。

　　就是憑藉着這樣的寵愛，安樂公主與韋皇后聯手毒死身為好丈夫、好老爸的李顯。由於韋皇后沒有兒子，便隨便找了一個皇子李重茂繼位，自己以皇太后的身份主持國政。只是這對母女將政治想得太簡單了，當初武則天佈置了二十幾年都沒敢將李治害死，她們參政短短七年，就自以為大權在握，將李顯毒死，不得不說她們太幼稚了。

　　韋皇后與安樂公主僅僅高興了十九天，李顯的姪子李隆基親率禁衞軍衝入皇宮，將韋皇后殺死。當時正在對着鏡子梳妝的美麗少婦安樂公主，還沒明白發生什麼事，便被衝進來的士兵大刀一揮，人頭與鏡子同時落地。

　　李隆基政變成功之後，將李重茂趕下皇位，尊其父李旦繼位。李旦是個淡泊名利

唐玄宗

的人，自己的兒子在搞政變的時候他根本不知道，等到知道的時候，政變已經成功。公元 712 年，做了兩年皇帝的李旦傳位給李隆基，這就是唐玄宗。

唐玄宗繼位以後，唐朝的發展進入了一個空前發達的時期，那便是開元盛世。

李隆基是唐睿宗的第三個兒子，英俊多才，少年時代就膽識過人。李隆基七歲那年，還是武則天當權的時候，武懿宗自恃是武則天的姪子，目中無人，根本不把李氏一族放在眼中。

有一次，在朝堂會見上，武氏諸王都到場參加。武懿宗看到李隆基的儀仗隊整齊威嚴，便心生不爽，並利用自己金吾將軍糾察風紀的權力，準備找茬。李隆基不買賬，理直氣壯地說：「我李家的江山，跟你有什麼關係？竟然敢強迫我服從你！」

這件事自然被耳目眾多的武則天知道了，她不但沒有加罪於李隆基，反而高興地讚道：「這個孩子真有氣魄，終會做我家的太平天子。」

後來武則天的話果真得到了應驗，李隆基做了皇帝之後，在他統治的這段時間裏，大唐達到了一個全盛時期。在當時那個時代，大唐成為全世界最強盛的國家。

開元盛世可以說是在貞觀之治的基礎上發展起來的。貞觀之治的時候，唐朝剛剛建國，雖然唐太宗政治清明，但是整個唐朝百廢待興，距離鼎盛還有些距離。到了開元之治時，唐朝經過了百年的發展和積累已經到了鼎盛時期，進入了黃金時代。事物總是呈現「波浪式發展」的趨勢，就是說事物到達了一個極致，定然會呈現下降的趨勢。

唐玄宗李隆基本身是一個頗有膽識和智慧的明君，在他統治

的後期，因為國富民強，又處在盛世繁華之下，久而久之便開始貪圖享樂，疏離政事。當時李隆基有一個叫楊玉環的妃子，這個女人被後世編排進了「四大美女」之內，可想而知她有多麼美麗。

據說楊貴妃很喜歡吃嶺南的荔枝，於是有心人便千方百計地運送新鮮荔枝到長安，如此便有詩云「一騎紅塵妃子笑，無人知是荔枝來」。為此，荔枝還贏了一個「妃子笑」的美稱。

玄宗時期最大的過錯不是多麼寵倖楊貴妃，而是重用奸佞，任由宦官參政，導致了安史之亂，從此唐朝開始走下坡路。

唐朝最有名的一個宦官便是高力士，李隆基和楊玉環的貼身保鏢。高力士本人雖然並不喜愛政治，但是由於他太接近政治中心，所以在朝中權勢滔天。就連皇太子李亨都要客客氣氣地叫高力士一聲「二哥」，那些公主駙馬都要尊稱其「老太爺」，可想而知，當時宦官的權勢達到了一種什麼樣的地步。

「安史之亂」中，兩個主角便是安祿山和史思明。史思明先安祿山一天出生，兩人關係很好，並且都驍勇善戰。

安祿山早年為了取寵玄宗，費盡心機地揣測玄宗的心意，投其所好。有一次在宴會上，玄宗心情非常不錯，他便趁此機會向玄宗表示忠心，說道：「臣是番人賤臣，您還待我如此之好。我除了為您獻出這條老命，也沒有什麼特殊才能再來回報您。」當時玄宗並未答話，但是聽了很受用。

安祿山還知道玄宗特別寵愛楊貴妃，他便希望楊貴妃收自己為養子。安祿山不顧自己比楊貴妃年長十多歲，每次見到楊貴妃和玄宗的時候，總是先拜楊貴妃，後拜玄宗。後來玄宗問他為什麼要這麼做，他回答說：「番人總是先母后父。」就是這樣的小手段，贏得了楊貴妃的歡心。當然，楊貴妃一開心，玄宗自然也

很開心，給安祿山的賞賜可以用鋪天蓋地來形容。

公元 755 年，安祿山兼任范陽、平盧、河東三鎮的節度使，統兵二十萬。安祿山手握重兵，看到唐朝武備鬆弛，便萌生了篡位謀反之心。一年之後，安祿山夥同部將史思明，以及羅、奚、契丹等國兵力，共十五萬，號稱二十萬，在范陽（北京西南）舉兵造反，「安史之亂」就此爆發。

唐玄宗聞訊，當即派人在洛陽募兵六萬，在河陽大橋駐守。隨後，大將軍高仙芝率兵五萬駐紮陝郡。安史叛軍士氣如虹，很快便佔領了東都。不久之後，唐太宗誤聽監軍宦官的讒言，將守將封常清和高仙芝處死，改派病廢在家的哥舒翰帶兵八萬進駐潼關。

公元 756 年，安祿山在洛陽稱大燕皇帝。隨後，玄宗又派大將郭子儀和李光弼從井陘東進，與河北的顏真卿會合。同年 5 月，哥舒翰兵敗靈寶，潼關失守，叛軍至此向長安高歌猛進。6 月，唐玄宗帶着楊貴妃等人連同禁軍將士向蜀地逃竄，半路禁軍嘩變，殺了宰相楊國忠，逼迫唐玄宗殺死楊玉環。7 月，太子李亨在靈武（寧夏吳忠西南）即位，稱唐肅宗。

肅宗稱帝後將郭子儀和李光弼從河北召至靈武，準備展開大規模的平叛戰爭。公元 757 年，安祿山被他的兒子安慶緒殺死。郭子儀率領大軍順勢收復長安和東都，安慶緒退守鄴郡（河南安陽）。隨後，肅宗又調兵遣將，集兵六十萬討伐安慶緒。安慶緒被唐軍圍在鄴城，只能向留守范陽的叛將史思明求救。史思明聽聞風聲，領兵十三萬趕來救援，在安陽河北與官軍相遇，當時由於天氣古怪，雙方罷兵而歸。

隨後，史思明率兵來到鄴城，安慶緒出城慰勞，被史思明

趁機殺害。隨即，史思明返回范陽，自稱大燕皇帝。不過這個大燕皇帝並沒有做多長時間，公元 760 年，史思明率軍南下，攻佔東都，到了第二年，又被自己的兒子史朝義殺害，史朝義繼承帝位。

　　一年之後，唐肅宗病重，隨後專權宦官李輔國將張皇后和越王李係殺害，肅宗驚嚇而亡，太子李豫繼位，稱唐代宗。隨後，代宗以李适為天下兵馬元帥，統帥各軍，收復了洛陽，史朝義兵敗逃至范陽。公元 763 年，史朝義逃至廣陽（河北房山）附近，由於眾叛親離，被迫自殺身亡，其部下相繼向唐軍投降，至此，長達八年之久的「安史之亂」被平定。

　　雖然唐朝平定了「安史之亂」，但是叛亂帶來的餘震並沒有停息，這一波一波的餘震最終導致大唐王朝的分崩離析。

第 八 章

文明的羊與
野蠻的狼

趙匡胤終結了那個比三國、南北朝更亂的亂世 —— 五代十國，他建立的宋朝就像現在的一些年輕人一樣，心智早熟，但身體孱弱、缺乏血性。宋朝的科技水平領先世界，宋詞讀來口齒留香，但文質彬彬的宋朝面對的卻是遼、金、蒙古、西夏這些來自北方的群狼。

五代十國立（上）

　　大唐盛世，令全世界矚目，但是隨着一波波的動盪，唐朝越發衰落。到了後來，盛世變成了衰世，衰世變成了亂世，一發不可收拾。

　　就跟秦朝滅亡時一樣，各地先是相繼爆發農民起義，為了鎮壓各地的農民起義，政府軍勢必要將力量分散到地方，這樣自然會導致地方上力量增強，一夜之間冒出許多「軍閥諸侯」。

　　這些崛起的「諸侯」之中，有一個叫朱溫的脫穎而出，他掃平了眾多對手，進軍關中，將唐昭宗當成手中玩物。朱溫攝政之後，大開殺戒，宦官、士族、朝臣都遭到了屠殺。進行了一番徹底的大清洗後，朱溫果斷地將唐昭宗殺害，把年幼的哀帝推上臺，權且當作政權的過渡。

　　公元 907 年，朱溫覺得時機成熟，一腳將唐哀帝踢開，自己坐上了皇位。至此，立國接近三百年的唐朝覆滅，隨後引來的便是五代十國時期。

　　五代十國並不是真如字面上說的那樣，這段時期朝代迭起，國家林立，遠遠超過了五個朝代十個國家。拋去像北方的燕、陝西的岐、東北的契丹等大大小小的政權不計，五代十國泛指中原地區相繼建立的後梁、後唐、後晉、後漢、後周五個朝代，以及南方地區先後存在的吳、南唐、前蜀、後蜀、南漢、楚、吳越、閩、荊南以及北方的北漢十個國家。

　　五代從朱溫代唐時起，到趙匡胤陳橋兵變建立宋朝為止，一

共經歷了五十三年。十國之中有六國是在北宋建立前便滅亡的，一直到趙匡胤建國十九年之後，才將十國之中的最後一個北漢政權滅亡。

前文提到，唐朝是被朱溫送上絕路的，那就先來說說這個朱溫。

朱溫並不是出自名門貴族，他的父親朱誠是鄉裏的私塾老師，他在家中排行老三。朱溫的父親很早便去世，兄弟三人和母親投靠了同縣的有錢人劉崇，替他做長工。從小便寄人籬下的朱溫飽嚐了人情冷暖，他為人奸詐狡猾，乖僻無常，經常惹是生非，被當地人看作是無賴，還經常被主人毒打。

當地人都看不起朱溫，包括他的母親和兩個哥哥，唯獨地主劉崇的母親對朱溫刮目相看，她常對人說：「朱三是個非常之人，應該對他好一點。」

唐僖宗在位期間，山東發生規模較大的自然災害，千里之內寸草不生，加之當時的政治黑暗，老百姓走投無路，紛紛揭竿而起。朱溫和他的二哥朱存便是此時加入黃巢起義軍的。

加入起義軍對朱溫來說，是他人生的重大轉折點。生活中朱溫被人看不起，一到了戰場上便是朱溫發威的時候，朱溫的表現非常好，很快就建立起了威望。朱溫驍勇善戰，每逢作戰總是衝在最前面，奮勇殺敵，很快被提升為小隊長。隨後的廣州之戰，朱溫的二哥

朱溫

朱存戰死。

　　朱溫在其後的戰事中屢次立功，很快便成為起義軍中令人矚目的大將，他所率領的部隊也逐漸成為了起義軍中的主力部隊。但是春風得意沒多久，朱溫便陷入了困境。當時在逃的唐僖宗號召各路藩王開始討伐起義軍，朱溫便遇上了河中節度使王重榮，並且屢戰屢敗。無奈的朱溫只能向大本營求援，怎料發出的告急文書都被負責軍務的孟楷扣押。

　　面對着前方的勁敵，以及後方的腐敗，朱溫不得不審時度勢，為自己的未來重新作打算。朱溫的幕僚謝瞳看出了朱溫的顧慮，便進言說：「黃巢起兵過於魯莽，趁着唐朝局勢衰亂，鑽了空子才佔據長安，並非憑藉功德成就王業，根本就不足以成事！如今天子在蜀地，各路兵馬相繼來救援，說明唐王朝並未遭到所有人厭棄。為將者在外拚死拚活地征戰，卻受到後方小人干擾牽制，這正是當初章邯叛秦歸楚的原因。」

　　朱溫聽謝瞳這麼一說，覺得很有道理，便下定決心，投奔了王重榮。唐僖宗一聽說朱溫歸降，興奮道：「正是天賜我也！」當即便下詔提升朱溫為左金吾衛大將軍，還賜名全忠。

　　在其後反故主的作戰之中，有兩件事值得說一下，一件是節節取勝的他在征戰之中有了自己的根據地汴州；還有一個便是結下了一個宿敵——李克用。

　　李克用與朱全忠聯合作戰，大敗黃巢軍。在勝利的慶功宴上，朱全忠盡地主之誼，好生招待李克用，怎料李克用心高氣傲，根本看不起朱全忠，幾杯酒下肚，便藉着酒意說了很多對朱全忠不恭的話。朱全忠並沒有當即發作，而是等到大夥都散席回到了驛館，他才命人縱火燒館，並且出兵攻擊。也就恰在此時，

狂風暴雨大作，李克用趁此機會翻牆而出，逃回自己的地盤，但其帶出來的幾百名部下全部被殺。至此，兩人結下了梁子。

此後，朱全忠與各地軍閥作戰，勝多敗少，最後吞併了大批地盤，成了天下最大的「諸侯」。

朱全忠走上皇位之後，改名晃，定國號大梁，定都開封。梁朝的建立宣佈唐朝正式滅亡，標誌着五代開始。梁朝的朝廷規模並不是很大，佔據的地盤僅僅就是中原地區而已。儘管如此，在當時以北方為政治重地的傳統觀念裏，梁朝便是正統的王朝。其後的後唐、後晉、後漢、後周都是這樣的情況。

公元 923 年，李克用的兒子李存勖在魏博鎮稱帝，建國號大唐，定都洛陽，稱唐莊宗。李存勖是個聰明人，他以唐為國號，一是為了顯示自己正統，二是標榜自己的忠孝，不忘唐昭宗的教誨。

這就要從李存勖小時候的一件事說起。李存勖的老爸李克用早年大破黃巢軍有功，被封為晉王，佔據河東地區。李存勖出生軍旅世家，自幼便跟隨父親東征西討。早前李克用滅了孟立方後凱旋，在三垂崗飲酒慶賀。其間伶人演奏《百年歌》助興，唱到其中衰老的段落，在座的滿是淒涼之色。就在此時，李克用突然撫鬚大笑，然後指着身旁的李存勖說：「我老了，此是奇兒，二十年後，將代替我在此地戰鬥。」

年少時期的李存勖相貌奇偉，不愛說話，顯得非常沉穩。十一歲那年，他跟隨父親到長安面見唐昭宗報捷，唐昭宗見了李存勖，驚歎道：「此子有奇表，日後必定是國家的棟樑，可不要忘記對我大唐盡忠。」可能就是這句話，讓李存勖日後立國變得名正言順。

　　李存勗上位之後，於 923 年 12 月完全消滅了後梁政權，過上了他夢寐以求的皇帝生活。李存勗的皇帝生活比朱氏好得多，外部沒有強敵壓迫，內部也安定得多。在這相對安逸的生活裏，李存勗開始得意忘形，釋放了壓抑多年的慾望。他任用宦官為心腹，為自己服務；交結那些做學問的人，讓他們自由出入宮廷，凌駕於百官之上；重用會斂財的臣子，讓其為自己搜刮百姓；放縱武將，讓他們在地方上作威作福。

　　不僅如此，疏於政事的李存勗整日還帶着自己的妻兒玩鬧，最終玩到國庫空虛，玩得百姓暗無天日。至此，他還是沒有覺悟的意思，受宦官、伶人的挑撥，無端懷疑功臣，任意殺害大將，最後首都洛陽大亂，李存勗前往開封平叛時被手下伶人殺害。

　　在朱溫建立梁、李存勗建後唐這兩代時間裏，各地其他地方也是政權林立，但是存在時間都極短。

五代十國立（下）

　　唐明宗逝世之後，他的第五個兒子李從厚登基，後人謚稱唐愍帝。然而唐明宗的養子李從珂不服，在鳳翔發動兵變，帶兵殺向洛陽。唐愍帝見大事不妙，便開門出逃，在路上遇到了正要去京師的河東節度使石敬瑭。石敬瑭審時度勢，不但沒有出手救這個落難的小皇帝，還將其囚禁在衛州，將其隨從全部殺死。

　　李從珂即唐廢帝，當權之後，他展望天下，發現對他威脅最大的便是自己的姐夫 —— 兵強馬壯的石敬瑭。為此，他便想找個借口將其調離太原，使其失去自己的根據地。面對唐廢帝施加的壓力，石敬瑭根本不予理睬，在他看來，一旦自己被逼得走投無路，至少可以聯合北方的契丹。當時他對自己的部下說：「如今天子懷疑我，逼我越來越急。我本來並無異心，這都是朝廷逼我起事的。太原是個重要的地方，餘糧很多，如果朝廷能夠寬容待我，我定然老老實實。如果要是對我用兵，我將向北方契丹求救。」

　　石敬瑭稱病不願調動，唐廢帝大怒，下令將其官爵都削奪，派遣軍隊包圍了太原。石敬瑭見大家已經撕破臉皮，也不客

兒皇帝石敬瑭

氣，當即便派人去契丹，和契丹首領耶律德光談判，最後雙方討價還價，達成協議。耶律德光出兵救援石敬瑭，而四十五歲的石敬瑭要拜三十四歲的耶律德光為父，並割讓燕雲十六州，每年向其進貢帛三十萬疋。

公元 936 年，耶律德光親自領兵前去救援，大破唐軍，還將石敬瑭推上皇位。他對石敬瑭說：「我派人偵察，發現沿途並無危險，這樣，我才得以長驅直入，知道大事必然成功。看你的氣量才識，真有天子相，我要立你為天子。」

至此石敬瑭終於圓了皇帝夢，定國號為大晉。在攻破洛陽，收降了後唐的軍隊之後，石敬瑭定都開封。石敬瑭雖然做了皇帝，日子並不好過。燕雲十六州都拱手讓給了自己的「父親」，等於北方的重要地方都落入了契丹人手裏。而且每年進貢的數目龐大，政府和百姓肩上的擔子越來越沉重。

石敬瑭本人也受夠了窩囊氣，契丹只要來使者，他就要卑躬屈膝，而那些使者個個趾高氣揚，對石敬瑭任意欺凌。公元 942 年，石敬瑭受夠了契丹的壓迫，抑鬱而終。

晉出帝即位之後，景延廣奪得政權，並以強硬的姿態對待契丹。太原最高的軍政長官劉知遠見此情形，暗中分析天下形勢，覺得契丹進犯中原是遲早的事，便擴軍備戰，確保河東地區的安全。在其苦心經營之下，兵力上漲到五萬人。

果真不出劉知遠所料，契丹大軍攻入開封，消滅後晉政權，建立大遼國。在契丹大軍南侵的時候，蟄伏在太原的劉知遠並沒有做任何事去援助朝廷。待到耶律德光在開封建立大遼之後，劉知遠迫於形勢，便派使者王峻去開封，向耶律德光獻上賀表。

耶律德光見到後晉殘餘勢力之中最有實力的劉知遠派人來祝

賀，非常高興，還賞賜了一個在其看來象徵最高榮譽的木拐。王
峻帶着木拐回太原時，一路上契丹人見了紛紛讓道而行。向契丹
人敬獻賀表也只是劉知遠的緩兵之計，他知道此時並不能和契丹
人撕破臉皮。況且他深知，契丹人殘暴，時間長了定會激起中原
各路兵馬的反抗，他們早晚會撤出中原。

就在這段時間裏，劉知遠的眾多部下都要求他登上皇位，號
令天下「諸侯」驅趕契丹。而劉知遠是個聰明人，他並沒有急着
登上帝位，而是先粉飾自己的形象，對外揚言說要出兵救出晉出
帝，將其接到太原，奉為君主。

為此，劉知遠還特地演了一場戲，在他那些親信的挑動下，
雲集在廣場上的士兵對主帥齊聲道：「如今契丹人攻陷京城，擄
走了天子，導致天下無主。今日能主天下者，唯有我王。應當先
登基稱帝，然後再出師也不晚。」說完，這些士兵高呼「萬歲」
數聲。

劉知遠表面上還是面露難色，還派親信假意阻止士兵這樣的
行為，並呵斥道：「敵軍如此強勢，我軍尚未有所斬獲，應當先
建功立業，你們這些士兵不應當瞎起閧！」

隨即，那些事先準備好的將軍又前來晉見，勸說道：「今日
群心所向，此乃天意。大王要是不趁此機會登基稱帝，還這樣
謙讓不居，恐怕時間一長人心離散，到時候事情就不好辦了。」
劉知遠見戲也演得差不多了，便於公元 947 年如願以償登上了
皇位。

劉知遠登上皇位之後，掀起了一股強大的反契丹風潮。耶
律德光眼看大事不妙，留下了自己的舅舅蕭翰固守開封，自己腳
底抹油，跑回了北方。蕭翰也不是忠義之輩，他見中原已經無法

再立足，當即便立唐明宗的兒子李從益為傀儡皇帝，自己也撤回北方。

劉知遠大軍到達洛陽之後，派人祕密處死了李從益，隨即宣佈開封為東京，改國號為漢。至此，劉知遠建立起了後漢政權。

只是天公不作美，劉知遠登基僅僅一年便身染重病，隨即撒手人寰，並留下郭威、蘇逢吉等四位顧命大臣。兒子劉承佑繼位，稱漢隱帝。

這四人中，郭威便是後周的開國皇帝。

郭威十八歲那年，潞州軍閥李繼韜募軍，牛高馬大的郭威被應徵入伍。郭威身體壯碩，性格倔強，喜歡爭強好勝，嗜好有倆 —— 喝酒、賭錢。

有一天，喝得醉醺醺的郭威上街遊玩，當地有個屠夫，也跟郭威一樣，壯健蠻橫，人見人怕，這兩個主今日便對上了。郭威藉着酒膽讓屠夫割肉，割得不滿意便大聲斥罵。屠夫對於郭威的蠻橫之名也早有耳聞，心裏本也有些忌憚，對於郭威的斥罵，起初還能忍受，但是到後來郭威越罵越起勁，屠夫再也無法忍受，拉開上衣，指着自己的肚子，怒吼道：「你有種，敢刺我嗎？」

郭威二話不說，提刀便捅了進去，屠夫一命嗚呼。為此，郭威被抓進監獄，李繼韜讚賞其勇力和膽氣，便將其放了。後來李繼韜被唐莊宗所滅，郭威被收入唐軍。幾年之後，長了見識的郭威懂得了想要成大事，光靠蠻力是不行的。為此，郭威開始學起文化知識。在軍中閒暇無事的時候，便將藏在袖中的薄書拿出來翻閱。或許是他的聰明才智加上努力刻苦，郭威肚子裏很快便有了些學識，後來還拜精通奇術《闖外春秋》的李瓊為師，學習此書。

幾經周折，郭威轉到了劉知遠的手下。劉知遠很器重郭威，讓他做了親軍的高級軍官，兩人形影不離。這期間，郭威多次獻計，成為了劉知遠身邊半個軍師。劉知遠去世後，郭威受命為顧命大臣，輔佐漢隱帝。

隨後，郭威臨危受命，平定河中李守貞、鳳翔王景崇、永興趙思綰的三地叛亂，聲望大漲。緊接着，郭威又被指派前去河北鄴都主持對契丹的防務。臨行之前，他對漢隱帝關照道：「蘇逢吉、史弘肇等人都是先帝的舊臣，精忠報國，希望陛下對其推心置腹，日常政事必無敗失。至於征戰沙場的大事，臣必定竭盡全力，不辜負陛下的重託。」

至此，郭威踏上了他人生的轉折點。他到了鄴都之後，針對當時契丹的騷擾，找出了針對性的對策。就在此時，朝廷傳來了消息：漢隱帝藉議事為名，誘殺楊鄴、史弘肇等元老重臣，並將郭威留在京城的家屬全部誅殺，同時命李太后的弟弟李洪義等人前往鄴都誅殺郭威等人。

李洪義審時度勢，覺得朝廷根本不是郭威的對手，便順勢投靠了郭威，將這些消息暗中告訴了郭威。郭威聽聞家屬遇害，並沒有慌亂，為了收攏將軍之心，留下養子柴榮駐守鄴都，自己率領大軍以誅殺奸臣為名，向開封進軍。他還對全軍許諾：「如果攻克了京城，隨便你們剽掠十日。」

大戰一觸即發，朝廷軍根本不是郭威軍的對手，漢隱帝戰敗被殺。攻克開封之後，郭威並沒有兌現他當初的諾言，讓士兵剽掠，而是竭力維持京城的安定；隨後，他又將李太后推上臺面，緩和人心；並派人去迎接劉氏宗室的劉贇趕赴京城繼位，做傀儡皇帝，自己在幕後操縱政權。

　　一切都按照郭威的計劃有條不紊地進行着，郭威很快便掌控了整個局面。時機成熟之後，郭威假借太后的名義，將軍隊帶出，説是攻打契丹。部隊到了澶州之後，歷史再一次重演，幾千名將士喧嘩，要郭威即天子位，並連聲高呼「萬歲」，當時的場面極度混亂瘋狂，有人還扯着黃旗當龍袍，強行給郭威披上。最後眾命難違，郭威只能「硬着頭皮」上位。

　　隨即，大軍返回開封，公元 950 年，郭威登基稱帝，建國號大周，定都開封。在此之前，郭威祕密派人前去將趕來做皇帝的劉贇給殺了。

　　郭威做了皇帝之後，由於生在亂世，目睹了民間疾苦，所以下決心要做一個開明的皇帝。他下令廢除了很多苛捐雜税，並以身作則，帶頭過着簡樸的生活。久而久之，天下的政治出現了清明的開端，周世宗柴榮繼位後，勵精圖治，將後周的勢力發展壯大，後周逐漸國富民強，深得人心。

政治高手趙匡胤

周世宗柴榮是一個能文能武的明君，在他手中，後周積累了問鼎天下的實力。高平之戰，正式確立了後周的軍事地位。

後漢滅亡之後，留下了以劉崇為首的一支勢力，退守到了太原，建立了北漢政權。劉崇對於後周政權極為仇視，周世宗上臺不久，劉崇就學習石敬瑭，聯合契丹，向後周進軍。後周朝廷聞訊之後，紛紛提出和劉崇談判。周世宗力排眾議，親自率軍前去迎戰。

兩軍相遇，漢契聯軍依仗着兵強馬壯，欲一口氣將後周的軍隊全部消滅。後周軍隊人數較少，劉崇見後，心中驕縱之意四起，他逞強要契丹兵馬在一旁觀看，他自己的漢軍就能將後周軍隊打敗。

周世宗不敢懈怠，親自披掛上陣，在前線督戰。戰鬥打響之後，在北漢軍強大的攻勢之下，後周軍的右翼被衝垮，形勢非常危急。周世宗為了鼓舞士氣，帶着親兵衝鋒陷陣，最後在趙匡胤、張永德等人的死戰之下，終於堵住缺口。在援軍相繼趕到後，後周展開反攻，後漢軍被打得全線崩潰，劉崇抱頭鼠竄，高平之戰後周告捷。

此戰之中，趙匡胤嶄露頭角，在隨後的歷史舞臺上，大放異彩。

趙匡胤的父親趙弘殷是後唐的將領，為了能讓孩子有個更好的未來，便給趙匡胤聘請儒師，教其儒家經典。但是當時年年戰

亂，讀書不管用。在那個武力決定一切的社會環境中，趙匡胤毅然決定棄文學武，很快便習得一身好武藝。

二十歲的趙匡胤文武雙全，可是一直沒有謀得什麼好職位。隨後趙匡胤開始外出闖蕩，結果卻不盡如人意。他也學那些文人雅士，吟詩一首，名為《詠日》，用來表明自己的遠大志向。

後漢初，郭威出鎮鄴都。身在襄陽的趙匡胤經一名老僧指點，北上鄴都，投奔郭威。公元 950 年 12 月，趙匡胤在澶州參加擁立郭威為帝的兵變。隨後郭威稱帝，趙匡胤便成了後周的開國功臣。其後又與郭威的養子柴榮結拜為兄弟，南征北戰，屢立戰功，官位節節攀升。周恭帝即位之後，趙匡胤被授為歸德軍節度使，成為了手握國家軍權的一方大將。

公元 960 年正月，歷史上改朝換代的時刻再次到來，這便是陳橋兵變。

當時正處新春佳節，後周的君臣都沉浸在節日的喜慶中。然而就在這時，河北的鎮、定二州傳來緊急情況，說北漢和契丹聯軍正向開封挺進，請求朝廷火速派兵抵擋。後周朝廷也不辨真偽，匆匆作出決定後，第二天便派大將慕容延釗率軍先行。第三天又派殿前都點檢趙匡胤率軍前去增援，大軍當晚抵達距開封東北四十餘里的陳橋驛後，趙匡胤的部將開始策劃兵變。

時值深夜，軍中李處耘、李漢超等將領喧嘩着要擁立趙匡胤為帝。趙普還要求將領們要遵守軍紀，保證兵變的成功，最後大家也可以「永保富貴」。等到將領紛紛表示同意之後，眾人將黃袍披在趙匡胤身上。

此時的趙匡胤酒後初醒，還有些迷糊，旋即裝出一副被強迫的樣子，還跟將領們討價還價。趙匡胤本人參加過郭威的兵變，

他知道如今擁立他的人，無非就兩種心態，一個是趁此動亂，搶劫發財；另一個便是想趁兵變之後能升官發財。至於日後能否建立穩定的新政權，根本就不會去考慮。

趙匡胤說道：「你們都貪圖富貴，想要立我為天子，如果能聽我的命令，那我就恭敬不如從命；如果不能完全聽命於我，我就不能做你們的天子！」

將士爭先恐後地大呼道：「唯命是從！」隨後，趙匡胤便說出了心中的要求，他要求眾人回到開封之後，不能對周天子和太后、大臣欺辱施暴，不能隨便在街市搶劫，這便是趙匡胤吸取了五代兵變的教訓，雖然陳橋兵變與之前的兵變性質上沒有多大的差別，但是在政策上有了很大的改進，這也是趙匡胤能開創大宋王朝的原因。

大軍回到開封之後，沒有發生一起流血事件，後周將政權拱手讓出。趙匡胤登基稱帝，建立大宋，稱宋太祖。

當時的宋國還沒有完全統一中國，除去各地的割據軍閥不說，像四川的後蜀政權，江南的南漢、南唐等，都是阻礙宋太祖完成統一大業的絆腳石。但是比這些更讓宋太祖寢食難安的還是手下那些重兵在握的高級將領。

當時宰相趙普便向趙

杯酒釋兵權

匡胤暗示石守信等高級將領的潛在危險。趙匡胤卻保證說：「我對他們都恩重如山，肯定不會出問題的。」

趙普反問道：「後周皇帝柴榮待你也恩重如山，你怎麼會出了問題？我的意思不是說那些人會主動叛變，但是他們的部下可能貪圖榮華富貴，將黃袍披在他們身上，他們就是不想造反只怕也只能勉為其難了。」

聽了趙普一番話，趙匡胤如夢初醒。隨後，宋太祖便撤去了慕容延釗的殿前都點檢一職，並不再設置此職務，由皇帝自己親自掌管禁軍大權。其後，宋太祖便召集石守信、王審琦、高懷德等一批高級親密將領舉行酒會。

酒過三巡，趙匡胤便歎息道：「當初如果不是在座各位的擁戴，我也不會坐上今日的位置。但是做皇帝太辛苦了，還不及當節度使快樂。很多事情都要操勞，搞得我整夜失眠。」眾人不解，便問其緣故，趙匡胤緩緩道來：「我這個皇帝的位子坐得不太踏實啊！」

眾人聞言，駭然道：「陛下怎麼會說這樣的話，如今天命已定，誰還敢有這樣的非分之想！」趙匡胤繼續說道：「你們當然不會有這樣的想法，可是如果你們的部下擁戴你，那又怎麼辦呢？」眾人越聽越驚險，情知今日定然要給趙匡胤一個說法，否則只怕小命難保。

趙匡胤並沒有像眾人想像的那樣，會用屠殺的手段威嚇他們，而是輕鬆地說道：「人生在世，轉眼間就老死。拚命上進，追求富貴，為了什麼？不就是想升官發財，自己享受生活，兒女有福蔭嗎？朕給大家指條明路，各位不如辭去軍中職務，改任高級文官，然後多買肥沃的田地，構建豪宅，搜羅天下漂亮美女，

223

晝夜飲酒取樂。我還跟各位約定，世代通婚，君臣之間兩不猜忌，這樣豈不兩全其美嗎？」

趙匡胤一番話說得大家連連點頭，第二日，眾高級將領紛紛上呈奏章，稱病辭職。杯酒釋兵權雖然是一種權術，但也是令人稱道的管理之術，宋太祖能在中國歷史中進入「秦皇漢武，唐宗宋祖」行列並不是靠吹的。

澶淵之盟

　　石敬瑭將燕雲十六州割給遼國之後，遼國的國力和財力得到了空前的提升。但是對於中原百姓來説，這無異於一場災難。燕雲十六州是中原北方的天然屏障，失去燕雲十六州等於把整個中原大地都暴露在遼軍的鐵騎之下。

　　遼國也經歷過漢化的過程，文化程度比匈奴和突厥高。遼國的人民只有名，沒有姓，只有兩個貴族部落才有名有姓。一個是皇族耶律部落，另一個是后族蕭部落。這兩大部落世代通婚。

　　大宋統一了中原後，開始着手收復燕雲十六州。後周開國皇帝郭威曾經收復了莫州和瀛洲，即便如此，遼國還是掌握着十四州的領土，長城險要地區，黃河以北地區都在遼國的手上，這對大宋來説，簡直如鋼刀懸在頭頂。

　　為此，兩國在燕雲地區頻頻交手，大宋與遼國先後四次交戰，皆落敗。

　　公元 979 年，趙光義剛剛完成了國內的統一，消滅了最後一個後漢帝國，隨即便雄心勃勃地準備向遼國用兵，企圖一鼓作氣，收回燕雲十六州。宋軍的將士剛剛從後漢的戰場上撤回，疲憊不堪，還指望這次回去能夠好好休息一番，論功行賞，如今卻全部落空。

　　就這樣，士兵拖着疲憊的身軀，行軍六百多公里，越過艱險的太行山脈，去進攻強大的遼國。朝中大臣都反對趙光義的做法，但是趙光義堅信「成大事者不謀於眾」的格言，力排眾議，

親自率軍進攻。

遼國聞訊，立刻反擊，雙方在城東高梁河會戰，大宋士兵滿肚子怨氣，雖然趙光義御駕親征，怎奈遼軍兵鋒正盛，宋軍全面潰敗。趙光義腿部受傷，狼狽逃竄，戰場上留下了一萬多士兵的屍體。

公元 980 年，遼國以宋國無端製造戰爭為由，對大宋瓦橋關（河北雄縣）發動進攻，宋軍潰敗。趙光義聽聞之後，怒急，決定親自征討。然而大軍走到大名（河北大名），卻不敢再往前行，征討就這樣不了了之。

趙光義忍受屈辱，準備了整整六年，準備向遼帝國發動決戰。可惜曹彬為首的東路軍全軍覆沒，這場戰役最終失敗。

公元 1000 年，遼國進軍瀛洲，擊敗宋軍，還生擒了宋軍的大將康保育，隨即深入內地，大肆掠奪了一番，滿載而歸。大宋的大將范延卻因為害怕，一直尾隨着遼軍，不敢進攻。當遼軍搶奪完退出大宋邊界之後，他還恬不知恥地上奏朝廷，説自己將遼軍趕走了。此時的皇帝已經是趙光義的兒子趙恆，他聽聞遼軍被「趕走」之後，非常高興，還吟詩表示慶賀。

趙恆

公元 1004 年，遼主耶律隆緒和母親蕭太后親自率軍南征，深入四百公里，進抵澶州（河南濮陽）。聽聞這個消息，宋朝舉國震驚。澶州距離開封，

直線距離只有一百二十公里，朝野為了尋求對策，展開了激烈的討論。

大部分人都覺得遷都才是良策，有的人建議遷都到昇州（江蘇南京），有的認為遷都到成都，只有宰相寇準，認為趙恆應當御駕親征。他覺得御駕親征是對士兵一種極大的鼓勵，況且這是主場作戰，佔據多種優勢，誰勝誰負都還是個未知數呢。倘若一旦遷都，大宋很可能人心潰散，國家瓦解。

最終，趙恆還是採納了寇準的建議，御駕親征，進守澶州。宋軍看到皇帝專用的黃蓋出現在城樓之上時，無不振奮異常。遼軍見到如此情形，驚愕非常。就在此時，趙恆將軍事指揮權完全交給了寇準負責，自己在一旁督戰。恰在此時，遼軍數千騎突至城下，與士氣高昂的宋軍交戰，宋軍取得大勝。

趙恆在城牆之上目睹了這場勝仗之後，心裏頓時踏實了許多。他留下寇準在城上督戰，自己回行宮休息。宋遼在澶州相持十多日，就在雙方伺機而動的時候，遼國名將蕭撻覽在出兵督戰的時候被宋軍用牀子弩射死，遼軍士氣大跌。

遼軍一看取勝沒有希望，便提出議和，並附上條件。寇準表示不能接受這些條件，他要將遼軍全部趕出國境，遼國必須向宋朝稱臣，並將幽州（北京一帶）之地敬獻出來，才能議和。

雙方自然談不攏，這事讓趙恆知道後，責怪寇準辦事不力。為了盡快打發遼人，趙恆決定給遼國納貢。

最後，雙方討價還價，同意宋朝每年向遼國進貢銀幣十萬兩，綢緞二十萬疋，宋遼兩國從此友好相處，化干戈為玉帛。

西夏的崛起

　　大宋和遼國和解之後，剛過上太平日子，西北邊陲便發來告急文書，定難戰區（陝西靖邊北）宣佈獨立，建立西夏王國。

　　西夏國是由党項羌族人創立的。四百多年前，一位叫拓跋赤辭的首領受到唐太宗的特批，在河套以南的定難戰區定居，還賜姓李。唐朝末年，党項平夏部的首領拓跋思恭因為鎮壓黃巢起義有功，被授予夏州定難軍節度使，管理夏、綏、銀、宥、靜五州地區，進爵夏國公，再一次賜姓李。到了宋朝，為了削弱藩鎮勢力，宋朝利用党項政權內部的矛盾，迫使其獻出五州的領土。

　　當時擔任夏州首領的李繼遷不滿宋朝的做法，便招來各部落的首領，商議抗宋自立大事。隨後在遼國的幫助下，李繼遷收復了党項的故土。公元 1002 年，李繼遷又攻取了靈州（寧夏靈武），改靈州為西平府，開始在此地居住。不久之後，李繼遷便在同吐蕃作戰時中箭身亡，他的兒子李明德繼承父業。

　　李明德在位將近三十年，面對宋遼兩國的威脅，不得不審時度勢，採取新的外交政策。為了謀求發展，李明德同時向宋遼稱臣，得到了遼國的兵力相助，又得到了宋朝的金銀賞賜。宋遼兩國也各懷異心，為了在氣勢上壓倒對方，爭相拉攏李明德，為此，兩國不停地對李明德加官晉爵。

　　李明德表面上就跟一個哈巴狗一樣，在兩國之間的夾縫中搖尾討好着雙方，私下裏卻着手準備自己稱帝立國的大事，此時其出行的儀仗已經頗具帝王的規模。公元 1020 年，李明德覺得時

機成熟，從西平遷都到懷遠，將懷遠改名為興州（寧夏銀川），建都於此。十一年後，就在李明德覺得萬事俱備之時，一命嗚呼，其子李元昊繼位。

李元昊在少年時期即身高五尺多，圓臉，目光尖銳有神。作為西夏貴族，他並沒有不學無術，而是非常熱愛讀書，對於兵書、律令之類的書籍，更是愛不釋手。不僅如此，李元昊還精通漢文、藏文，對佛學也有獨到的見解。

成年之後的李元昊霸氣外露，對於父親向宋朝稱臣一事非常惱怒。於是就找了個機會勸說父親，應當用宋朝的賞賜招兵買馬，養兵練兵，往小的說可以去宋朝境內搶掠，往大的說可以用兵佔據疆土。

李明德卻假意告誡說：「我們部落三十年來，能過上如今錦衣玉食的生活，都是宋朝的恩典，不能如此恩將仇報。」元昊聽完，憤怒地回道：「穿皮衣，從事牧業，這就是我們部落的習性。大英雄就應該稱王稱霸，錦衣玉食有什麼可以稱道的？」

其實李明德也只是怕自己的兒子不懂忍謀，誤了大事。在李明德的心裏，早就有了稱帝之心，從其出入宮殿的儀仗隊排場便可窺得一二。只是時機未到而已，定都興州之後，還要與河西回鶻交戰，如果再做出什麼出格舉動，只怕宋朝會落井下石。

在與河西回鶻交戰中，二十四歲的元昊領兵與回鶻交戰，首戰告捷，當即便被立為太子。在隨後的交戰中，元昊脫穎而出，在夏部落中贏得了不少聲望。

李明德死後，元昊繼位。為了加快建立西夏國的進程，他首先要消除以前中原國家對夏部落的影響。李元昊先是去掉了唐宋的賜姓，自稱嵬名氏。隨後，他設官制、定都城、定兵制；不僅

如此，他還頒發了「禿髮令」，也就是恢復党項族傳統的髮式，並強行推行，三日之內還不執行的人便要處死；隨後，李元昊又着手創製党項文字，稱其為「蕃書」，也就是後來的西夏文字。

公元 1038 年，李元昊正式登基稱帝，國號為大夏，大封群臣，追封祖宗的諡號，並冊立后妃、太子等。至此，整個中國地區形成了宋、遼、夏三國鼎立的局面。宋朝當然不會承認這個從自己地盤上分裂出去的國家，並多次派兵前去征討，卻都大敗而歸。不僅如此，被打敗的宋朝朝廷還要為戰爭失敗付出大額的「賠償金」，西夏國儼然就是第二個遼國。

宋朝每戰每敗，並不能說是將領的無能，只能說當時統治者昏庸，用人不當。

西夏王朝遺址

郾城大戰

　　到了 12 世紀初，北宋王朝經歷多年的風風雨雨，再加上本身的制度崩壞，農民起義此起彼伏，已經逐漸走向衰敗；而遼國歷經兩百多年的統治，貴族昏庸無能，只知安逸享樂，整個王朝也已經處在崩潰的邊緣。

　　處在遼人暴虐的統治下，中國東北部地區的女真人再也無法忍受契丹人的壓榨，最終在其民族英雄完顏阿骨打的領導下，逐漸統一了女真各個部落，大力發展生產，於公元 1115 年，建立金國。

　　金國擁有一支非常強大的騎兵隊伍，這支軍隊戰鬥力強勁，在數次對遼戰爭中，立下不小的功勞。遼國內憂外患，最終搖搖欲墜，禁不住金軍的最後一擊，頃刻間毀於一旦，統治了中國北方邊疆地區二百一十年的大遼帝國就此覆滅，剩餘的一小部分勢力逃到了西部偏遠地區，最後被成吉思汗所滅。

　　金國滅了遼國之後，隨即便將矛頭對準了在金遼之戰中還幫助過自己的北宋王朝。面對着金國強大的武裝力量，昏庸腐朽的北宋朝廷被迫於 1127 年向南遷移，在南方建立了南宋王朝，形成了南宋與金國南北對峙的局面。

　　公元 1127 年，金軍攻滅北宋王朝，這就是歷史上著名的靖康之難。宋徽宗、宋欽宗以及皇室貴族淪為階下囚，「北狩」去了。在撤退之前，金國將原先北宋官員張邦昌冊立為楚帝，企圖將其作為傀儡，幫他們統治黃河以南地區。

張邦昌是個很有自知之明的人，他知道自己一沒有政治基礎，二沒有民眾基礎，很難進行有效的統治。迫於無奈，張邦昌只好迎請早年被宋哲宗廢去皇后之位的孟氏來垂簾聽政，為自己贏得一點點的正統性。

公元 1127 年 5 月，原先任職河北兵馬大元帥的康王趙構在抗金老將宗澤的支持下，在南京（河南商丘）宣佈即位，建立南宋政權，稱宋高宗，後來遷都至臨安（浙江杭州）。宗澤以及一眾主張抗金的文武大臣都期盼着宋高宗能夠領導軍民奮勇抗金，收復失地，復興宋室。然而最終的結果卻令眾人失望。

南宋建國之後，湧現出一大批抗金名將，像韓世忠、岳飛等人，尤其是岳飛，簡直就是軍事奇才。

岳飛出身農家，早前康王趙構在相州建立大元帥府，招募義士，收編潰兵的時候，岳飛便前來投軍。岳飛體格健壯，臂力過人，當時還不滿二十歲，便能拉開三百斤的硬弓和八石的強弩，並且百發百中。不僅如此，岳飛的槍法也非常過硬，在與金軍作戰時，多次一馬當先，亂軍之中取上將首級，很快便因為軍功得到提升。

當時岳飛聽聞宋高宗準備退至長安、襄陽等地躲避敵軍的消息後，當即上書，勸說宋高宗改變主意，並抨擊宰

岳飛

相和執政官，希望宋高宗讓自己親率大軍，北渡黃河，與金軍交戰，收復河北失地。怎料岳飛的上書並沒能激起高宗的鬥志，倒是招來了不少恨意，自己也被革去了官職和軍籍。

被潑冷水之後，岳飛並未心灰意冷，他滿腔熱血投至河北路招撫使張所的麾下，並且很快受到重用。接下來就是岳飛表現的時候了，他先是收復建康，大敗金軍於建康東南三十里之外的清水亭。其後襄陽陷落，岳飛受命出師北伐，收復襄陽六郡。同年8月，岳飛升為清遠軍節度使，成了兩宋期間最年輕的節度使。

但是南宋朝廷又一次做出讓岳飛痛心的舉動。在秦檜等主和派的高官唆使之下，宋高宗不顧岳飛的強烈反對，和金國達成議和協定，結束了第一次宋金戰爭。當時岳飛向宋高宗指出：「金人不可信，議和只是假象，日後定會對我們再用兵！」此時宋高宗哪裏還聽得進岳飛的勸說，根本不予理睬。

議和後不久，果如岳飛所料，金國率先撕破臉皮，宋金開始第二次交戰。宋高宗此時又想到了岳飛，便向其下達了北伐之令。

此時金國的統帥是完顏宗弼，他見岳飛將自己的軍隊分兵各地，便集中兵力於開封，向岳飛的大本營郾城（河南郾城）發動總攻。宋金大軍在郾城展開殊死之戰。金軍在這場戰爭之中，投入了兩千匹「拐子馬」，這是一種很可怕的騎兵陣法，將三匹馬橫連在一起，在平原之上衝鋒，所向無敵。

針對金軍這樣的戰術，岳飛用步兵伏地，用一人的性命來換取一隻馬足，只要一匹馬的馬足被砍斷，整個「拐子馬」群便會全體仆倒。兩軍交戰之後，戰況無比慘烈，金軍慘叫之聲此起彼伏。完顏宗弼驚懼道：「自從在故鄉起兵至今，都是靠此取勝，

沒想到如今竟然在此吃了敗仗。」

隨後，完顏宗弼又將部隊集結起來，準備發動反攻。在小商橋（河南臨潁南）與向北挺進的岳飛軍先頭部隊楊再興相遇，當時金軍十二萬，楊再興的兵力只有八百，八百壯士全部陣亡，但是也殺了兩千多金兵。

此後，金軍轉攻潁昌。完顏宗弼佈下三萬騎兵戰陣，與宋軍準備決戰。潁昌府的王貴率軍防守兩翼，岳飛的兒子岳雲為先鋒。決戰之時激烈非常，宋軍殺敵五千多人，俘虜敵軍兩千多人，繳獲了三千多匹戰馬，大獲全勝。金軍慘敗之後，不禁哀歎道：「撼山易，撼岳家軍難！」

郾城之戰是宋金雙方調動最強實力對陣的一次決戰，宋軍以少勝多，給了金軍迎頭痛擊。倘若此時宋高宗能夠下令乘勝追擊，收復疆土，驅逐金兵大有希望，但是宋高宗和秦檜卻目光短淺，以一次勝利作為求和的籌碼，下令岳飛班師回朝，斷送了這次戰爭潛在的價值。不僅如此，在金人和秦檜的勾結挑唆之下，宋高宗還下令賜死岳飛以及部分抗金名將，釀成了千古冤案，不得不說宋高宗這樣的君主是多麼昏庸，目光多麼短淺。

岳飛死前曾說：「十年嘔心瀝血的準備，如今毀於一旦！」

岳飛之死，僅僅為宋金兩國換來了二十年的和平而已。

第九章

黃金家族與
乞丐皇帝

成吉思汗與他的黃金家族像風一樣席捲了世界。但風是不能久駐的，繼之而起的明朝享國兩百多年，但囿於篇幅的限制，我們只能概括地講講它的頭和尾。朱元璋選擇了一個和自己性格截然相反的孫子繼承皇位，打天下靠武功，治天下靠仁政，想法固然沒錯，但歷史沒有按照他預想的軌跡發展。靖難之役，江山易主，贏家是一個和朱元璋同樣暴力的人。

來自草原的征服者

公元 1162 年，蒙古草原上出現了一個震驚世界的人，他便是成吉思汗！

蒙古民族是早前匈奴的後裔，他們居住在不兒罕山（肯特山）為中心的荒漠地帶。蒙古民族並沒有統一的政府組織，據後來的大多數記載表明，蒙古族的各部落之間都是獨立求生的。當時蒙古之中主要的部落有孛兒只斤部落、主兒乞部落、泰赤烏部落等。而在蒙古族各部落周圍，又圍繞着突厥民族各個部落。

在沙漠中，部落之間的爭鬥往往只是為了爭奪在中原人看來不值一錢的河水和青草。為了這些東西，部落之間可以世代為敵，結下血海深仇。當然，為了生存，繁衍後代，蒙古各個部族還要搶女人。鐵木真的母親就是鐵木真的父親早年搶回來的，而鐵木真的妻子也曾被別人搶走，最後又被鐵木真搶回來。

爭鬥當然不僅僅局限於真刀實槍地幹，暗殺之類的事也沒有停止過。鐵木真的父親就是在一次宴會之上中毒，後來毒發身亡的。殘酷的環境讓蒙古人有了天生的機警，這為他們日後的對外戰爭創造了很好的條件。

公元 1161 年，蒙古乞顏部落首領也速該在斡難河畔打獵，不巧，碰見了途經蒙古部族駐地的訶額侖。根據當時蒙古的「搶親風氣」，也速該召集了兄弟好友，打敗了蔑兒乞人，並搶來了訶額侖做老婆，這個女人至此便成了也速該的妻子。

第二年，也速該又抓住了塔塔兒部族的首領鐵木真兀格，恰

在此時，那個被他搶來的老婆為他生了
一個兒子，為了慶祝勝利，也速該便將
這個孩子取名為鐵木真。

成吉思汗

　　鐵木真九歲的時候，父親也速該被
鐵木真兀格的兒子札鄰不合毒害。也速
該死後，在泰赤烏氏族的打壓之下，鐵
木真母子倆地位一落千丈。隨着鐵木真
漸漸長大，泰赤烏氏族漸漸察覺到了鐵
木真的威脅性，便派出軍隊準備殺死鐵木真。也算
是鐵木真命大，在別人的幫助下僥倖逃脫。

　　隨後，鐵木真與札答剌部的貴族札木合結成聯
盟，打敗了蔑兒乞部，聲望大增，蒙古族中各個部
落紛紛前來投靠。實力壯大之後，鐵木真被推選為
汗，建立了自己的護衛軍。有了強大勢力的鐵木真
開始為父報仇。

　　鐵木真打敗主兒乞部後，殺其首領，收服了
木華黎父子。後來鐵木真南征北戰，木華黎成為鐵
木真麾下第一名將。隨後，鐵木真射死了前來偷馬
的札木合弟弟，雙方的聯盟關係破裂。札木合為了
報仇，出動了十三翼軍隊前來攻打鐵木真，鐵木真
不甘示弱，將自己的軍隊分成十三翼迎戰，結果大
敗。這場敗仗是鐵木真一生中六十多場戰爭唯一一
次失敗。札木合勝利之後，做了一件極其愚蠢的
事，便是支起了七十口大鍋烹殺俘虜。這樣的舉動
讓他眾叛親離，部下紛紛投靠了鐵木真。

　　隨後，奪得大權的鐵木真以迅雷不及掩耳之勢統一了蒙古各部族，於公元 1206 年，在斡難河畔稱成吉思汗，建立蒙古國。對蒙古的百姓進行了簡單的編制，設立了一些簡單的官職，還將自己的常備軍又擴充了一萬人。

　　建國之後，成吉思汗多次進攻岌岌可危的西夏國，迫使西夏稱臣納貢。將西夏國的隱患解決之後，成吉思汗將目光投向了金國。

　　公元 1211 年，成吉思汗在汪古部的幫助下，攻入金國邊牆，節節勝利，還包圍了中都（北京），搶掠而歸。金國還在做着春秋大夢，認為蒙古這次攻破居庸關是偶然事件而已。怎料兩年之後，蒙古軍團打敗了金國當時最強大的主力部隊，再次攻破了居庸關，包圍了中都。公元 1214 年，金國被迫求和，獻出了公主，又獻出了童男童女各五百名，還有大量的馬匹、金銀珠寶等，蒙古軍滿載而歸。

　　金國此時才恍然大悟，蒙古大軍勢不可擋，只要他們願意，隨時可以再攻入中都，於是決定遷都到汴京（河南開封）。成吉思汗大怒，覺得金人欺騙了自己，於是再次發動進攻，佔據中都。

　　隨後，鐵木真並沒有指揮他的鐵騎南下，而是先將主力部隊瞄準中亞地區的花剌子模王國，留下了一小部分軍隊給大將木華黎，讓木華黎徹底摧毀殘留的金國村落。木華黎根據實際情況制定了一套遊擊戰術，在整個華北平原上燒殺搶掠，從未遇到敵手。

　　成吉思汗西征，為了方便大軍進發，先是滅掉了當初西遷到這裏的遼國殘餘勢力，其後攻克了花剌子模王國的首都尋思干。

花剌子模王國的國王被迫逃到了一個荒島之上，最後病死。那個屠殺蒙古商隊從而引發這場戰爭的花剌子模王國的大將被捉住後，被蒙古人用滾燙的銀水灌入眼睛耳朵之中，死狀慘不忍睹。

攻破花剌子模王國，大大激發了鐵木真的野心，為了擴張蒙古帝國的版圖，成吉思汗決定先滅掉夏金兩國。

公元 1226 年，成吉思汗率領他的鐵騎攻向了西夏，奪取了河西走廊之後，蒙古大軍擊敗了西夏的主力，繼續前進。但是到了第二年，成吉思汗卻不幸去世。他臨死前吩咐將領不要發喪，等到西夏滅亡後，再舉行葬禮。同年，西夏國主投降，西夏國至此滅亡。

成吉思汗死後，他所建立的蒙古帝國並沒有隨之瓦解，反而走向更輝煌的歷史高峰。他的第三個兒子窩闊台繼任了可汗，繼承成吉思汗的遺願，滅掉了立國一百二十年的金國。

宋朝終結者 —— 忽必烈

蒙古國坐大之後，盯上了富饒的南宋王朝。

當時蒙古帝國兵分三路，大汗蒙哥率軍從西路進攻合州（重慶合川）；北路由拖雷的第四子忽必烈率領，南下進攻鄂州（湖北武漢）；南路由大將兀良哈台率領，北上進攻潭州（湖南長沙）。

三路大軍勢如破竹，忽必烈很快便抵達鄂州城下，準備攻城。當時南宋政府任命賈似道擔任宰相，前來救援鄂州。賈似道駐防在黃州（湖北黃州），面對着如狼似虎的蒙古大軍，毫無對策。最後無奈，只能祕密派遣使者向忽必烈乞求和解，開出的條件極為誘人，又是稱臣又是上貢，還說要割讓全部的江北土地。

這樣的便宜忽必烈自然願意去撿，況且當時傳來消息，蒙古大汗蒙哥在合州城下逝世，眾人都要推舉忽必烈的弟弟阿里不哥繼任大汗。忽必烈聽聞之後，惱火的同時又心急如焚，於是迫不及待地接受了賈似道的求和，率軍北返。

賈似道見蒙古軍撤退，當即就叛盟，下令追殺蒙古殿後的那些士兵，將他們的人頭砍下來，向皇帝趙貴誠邀功。

忽必烈北返之後，宣佈繼任大汗之位，但是並不正統。在蒙古貴族看來，被眾人推選出來的阿里不哥才是正統的大汗繼承人。忽必烈才不理這些人口中的正統與不正統，他用自己強大的軍隊打敗了阿里不哥，證明了自己的實力。

公元 1264 年，忽必烈遷都燕京（北京），改名大都，接受漢法，建元中統。至此，蒙古國終於有了自己的紀年方法。到

了公元 1271 年，忽必烈取《易經》「大哉乾元」之意，定國號為「大元」。

公元 1269 年，繼承大位之後的忽必烈一改之前的遊擊戰，開始進攻襄陽（湖北襄樊）。此時南宋的皇帝趙貴誠已經逝世，繼位的是他的姪子趙孟啟。

元世祖忽必烈

趙孟啟和當時的道學家都將那個祕密賣國的賈似道當成國家的大救星，而賈似道得勢之後，大肆排擠威脅到自己地位的將領，逐漸掌握全國軍權。不僅如此，他還設立祕密機構，隔絕了皇帝的消息來源。

當時蒙古大軍圍攻襄陽，賈似道開始便將這個消息全面封鎖，直到一年之後，趙孟啟才迷迷糊糊地問道：「貌似襄陽被圍了很久啊？」賈似道回答道：「蒙古兵早就被我們擊退，怎麼會有這樣的謠言呢？」趙孟啟很傻很天真地說道：「一個宮女說的。」

賈似道很快便查到了那個宮女，還將其逮捕，逼死獄中。至此之後，再也沒有人敢討論國事，大家都奉承賈似道。

其實賈似道也不是沒有向襄陽派過援軍，只是襄陽就如一個黑洞，派去的援軍都如被黑洞吸進去一般，了無聲息。最後，惱怒的賈似道決定放手一搏，便派出了他最親信的將領范文虎前去援救襄陽。

范文虎就是那種說一套做一套的兩面派，他根本不會以身殉國。當時的情況便是，范文虎率軍在蒙古軍週邊駐紮，看到有巡邏的蒙古大軍，便派人截擊一下，大多數時間還是在營帳裏與美女享樂，根本就不顧襄陽城中被圍的百姓、士兵的死活。

公元 1273 年，襄陽被蒙古軍包圍了整整五年，終於忍受不了蒙古軍的最後一擊，守將呂文煥面朝首都臨安（浙江杭州），四十五度角仰望天空，淚流滿面，被迫出城投降。

襄陽陷落的第二年，大汗忽必烈下令對大宋帝國進行全面進攻，並歷數了大宋帝國的種種罪狀。就在此時，趙孟啟駕崩，他四歲的兒子趙㬎繼位。這麼小的孩子又能懂什麼，所以國家政事都是由祖母謝太后一手操縱。一個婦道人家，若在和平年代，或許還能玩玩政治過把癮，但在外敵入侵之時，頓時就不知所措，只能依仗「眾望所歸」的大臣賈似道。

朝中官員和太學全體學生一致要求賈似道親征，為國家再次「趕走」蒙古侵略者。賈似道被趕鴨子上架，只能親征。大軍到了蕪湖之後，橫江佈防，任命兩面派范文虎做各軍統領，據守安慶，表面上一切似乎弄得有模有樣。

可是到了第二年，蒙古大軍進攻安慶，范文虎頓時腦袋一片空白，想都不想便率領全軍投降。賈似道聞訊，無比震驚。其後突然腦中靈光一閃，準備故伎重施，遂派人祕密去晉見蒙古大將伯顏，說願意接受蒙古任何條件，只要蒙古大軍撤兵就可以了。

可是蒙古大軍被賈似道騙過一次之後，根本不願再相信賈似道的話，蒙古大軍繼續向前挺進，很快便攻破了賈似道在蕪湖之上設置的最後一道防線。賈似道眼看大事不妙，竄逃到揚州（江蘇揚州）。謝太后知道賈似道兵敗之後，大怒之下將其罷官，貶

到了循州（廣東惠州梅州一帶）。賈似道自以為已經逃過大劫，心中暗暗自喜，不曾想卻在半路被押解的官差鄭虎臣拖進廁所，一頓暴打致死。

接下來的事就非常具有戲劇性，也能充分體現國難當頭之時，中國人潛在的愛國之心。賈似道昏庸殘暴的賣國行徑暴露後，謝太后認識到事態的嚴重性，再也沒有人能依靠，便只能向蒙古軍求和，願意降為屬國。

伯顏看着孤兒寡母跟自己求情，也就心軟了。其實蒙古最初也沒有想過消滅宋朝，只想宋朝像高句麗國和安南國那樣，臣服蒙古便好。既然答應議和，蒙古便派出使節廉希賢前往臨安談判。怎料這行人走到獨松關（浙江安吉），廉希賢卻被一個口中大叫愛國無罪的守將給擊殺。此事非同小可，謝太后驚恐萬分。急忙派遣特使去向伯顏解釋，並承諾一定會嚴厲處罰那個守將。

伯顏看到對方認錯態度這麼好，便忍住怒火，又派出使者張羽。這一次使者走到平江（江蘇蘇州），又一個愛國將領跳出來，將使者殺害。這次伯顏惱怒萬分，根本不再相信宋人的任何保證，大軍挺進臨安，宋朝廷徹底瓦解，那些日日口中唸叨忠君愛國的士大夫紛紛出逃。

當然，宋朝並未就此覆滅，謝太后跟趙㬎投降之後，南宋殘餘的愛國將領陸秀夫、文天祥連續擁立過兩任幼主，在艱苦的條件下成立小朝廷，最終經受不住元軍的窮追猛打，病死的病死，自殺的自殺。愛國將領張世傑準備前往廣州繼續與元軍戰鬥，卻遇到颱風，墜海身亡。

隨後一位為國捐軀的大臣是宰相文天祥。他兵敗被俘之後被多次招降，文天祥寧死不屈，忽必烈最終忍痛將其殺害。公元

1279 年，崖山海戰失敗之後，陸秀夫背着八歲的趙昺説：「我們
君臣，不該受到外敵的侮辱！」隨即投海自盡。宋王朝至此徹底
覆滅。至此，蒙古人徹底統治了這一大片廣漠的華夏土地。

乞丐皇帝朱元璋

　　元朝末期政治腐敗，貪腐盛行。在當時蒙古人眼中，漢人身份是低人一等的，所以對於漢人的奴役尤為嚴重。早在元朝的鼎盛時期，不滿蒙古人統治的漢人便接連起義，當時單單江南地區便發生武裝革命兩百多起。對此，蒙古國並沒有改變其不合理的統治方式，反而採取殘暴的殺戮來鎮壓革命，這便更加惡化了漢人對蒙古政府的不滿。

　　不僅如此，加之當時自然災害頻繁，經濟衰敗非常，民不聊生，各地農民起義越發頻繁。民變數量超過早前北魏時期數十倍，可想而知社會矛盾到了多麼尖銳的程度。

　　公元 1352 年，定遠人郭子興在濠州揭竿而起，朱元璋便是在這一年參加了郭子興的紅巾軍，並憑藉自己出色的本領受到了賞識和重用。

　　朱元璋小名重八，元璋這個名字是參加紅巾軍之後改的。朱元璋有三個哥哥和兩個姐姐，早年家裏靠租地種田為生。朱元璋的老爸朱五四對朱元璋還是很有期望的，並且明白了「知識改變命運」的道理，總是想方設法送朱元璋去私塾讀書，但是後來家裏經濟實在拮据。無奈之下，朱元璋只能輟學回

朱元璋

家，到地主劉德家放牛。

公元 1344 年，朱元璋已經 17 歲，此時濠州大旱加蝗災，糧食收成大減，隨即又疾病橫行，朱元璋父母、大哥相繼病死。朱元璋的兩個姐姐已經嫁人，三哥做了別人家的上門女婿，大嫂帶着兒女回了娘家，至此，朱元璋只能和二哥相依為命，合計着外出逃荒。

後來朱元璋未能成行，而是經人介紹到皇覺寺當了和尚，在寺廟之中做些瑣事雜役。這樣平靜的日子也就持續了五十多天，寺廟也斷了糧，無奈之下的朱元璋只能作遊僧，在外風餐露宿了三年，最後又回到了皇覺寺。其後，便如前文所説，朱元璋參加了郭子興的紅巾軍。

此時元朝的統治已經岌岌可危，紅巾軍的創始人劉福通立韓林兒為帝，號小明王，國號為大宋，史稱韓宋。其後郭子興病死，朱元璋接替其位置，接受韓宋政權的領導。公元 1365 年，朱元璋攻下集慶，將集慶改為應天府（江蘇南京），建立了自己的政權。

同一時期，張士誠也攻下了平江，以此為國都，自立為吳王。朱元璋的宿敵陳友諒殺了其主徐壽輝，自立為漢王。其後，朱元璋與陳友諒在鄱陽湖展開決戰，陳友諒中流箭而死，其子陳理繼位，退守武昌。

公元 1366 年，張士誠進攻韓林兒，劉福通戰死，小明王出逃。朱元璋便藉此罪名討伐張士誠，並派人前去「迎」小明王。在歸途中，朱元璋讓人砸沉了小明王的龍舟。

公元 1367 年，朱元璋手下大將徐達、常遇春攻破平江，俘虜張士誠。攻克平江之後，朱元璋馬不停蹄，任命徐達為征虜大

將軍，常遇春為副將，率領二十五萬大軍開始北伐中原。

北伐期間，朱元璋正式建立明朝，定都南京，史稱明太祖。明朝建立後，明太祖又花了將近二十年的時間基本統一了全國。

朱元璋的北伐絕對是非常精彩的。大軍到達通州，距離大都（北京）僅有二十公里，此時的蒙古大汗脫歡帖木兒哪裏還有當年鐵木真和忽必烈的那種膽識謀略，一聽說明軍快要兵臨城下，便帶着老婆孩子、親信大臣向北方沙漠逃跑，徐達就這樣輕而易舉地攻克了大都。

隨後，明太祖又進軍四川，滅掉夏國。十年之後，元朝在中國南部的最後一塊土地雲南也被朱元璋攻佔，至此，蒙古人盡數被驅逐出中原。

朱元璋統一天下後，中國人的命運並沒有改變多少。

朱元璋是貧苦百姓出身，他很介意自己的平民身份，對於那些出身好才能高的大臣，心裏總有一種奇怪的感覺。建國之後的他將那些和他一起打天下、出生入死的功臣屠殺殆盡。為了能夠更好掌握專制獨裁大權，他還廢除了丞相制度，用陰謀政變的罪名誅殺了丞相胡惟庸。

隨後，朱元璋還以胡惟庸同黨為由，殺害了連同宰相李善長在內的兩萬多人，並且還編了一本叫《奸黨錄》的書，昭告天下。三年之後，朱元璋開始第二次大屠殺，連同大將藍玉在內，一共殺害了一萬五千人。此後，朱元璋又編撰了一本《逆臣錄》的書，昭告天下。

最後沒有被殺害的只剩下與朱元璋共患難的好友常遇春、徐達、湯和。常遇春算是運氣比較好的一個，還沒有被朱元璋動刀，自己就病死了。徐達算是比較淒慘的一個，他患了一種病，

吃了蒸鵝便會中毒。朱元璋卻命宦官給徐達送了一碗香噴噴的蒸鵝，並命令送肉的宦官在一旁監視，徐達流淚吃下蒸鵝，當晚便毒發身亡。湯和也算是祖上積德，得了個善終，他死之後，家人紛紛慶祝，終於不用提心吊膽受到株連了。

　　當然，朱元璋也不是沒有做好事，在他的高壓政策之下，明朝的貪官可以説大幅度減少。朱元璋有一個龐大的特務網，全民都在皇帝的監視之中。當時有一種酷刑，專門針對落網的貪官。朱元璋規定，只要貪污了六十兩以上的人，就要斬首示眾，還要將其皮剝下來，塞滿稻草，懸掛在公府的兩邊，用來警示官員。

　　儘管如此，作為一個平民皇帝，開創了一個維繫近三百年的帝國，朱元璋仍然是很多人心中的英雄。

靖難之役

公元 1398 年，當了三十一年皇帝的朱元璋去世，傳位給皇太孫朱允炆，因為太子朱標很早就去世了。

當時朱允炆只有二十出頭，對他來說，做皇帝確實困難，先不說別的，就那些位高權重、軍權在握的叔叔們就夠他頭疼的。其間有一個叫卓敬的大臣，很有眼光，他當時便祕密上奏朱允炆，建議將北平的燕王遷至南昌，因為北平形式險峻，兵強馬壯，一旦有什麼變化，中央政府很難控制。雖然卓敬如此有眼光，但是由於他人微言輕，意見沒有受到足夠的重視。

朱允炆重用的人是翰林學士黃子澄，事實證明，此人是個庸才。因為早年在東宮伴讀，黃子澄跟朱允炆的關係比較好。在如何看待各路叔王擁兵地方這件事上，黃子澄的回答就顯示了短淺的目光。他說：「諸王手上的兵，只夠自守而已，根本不足為慮；就算他們不自量力，要招惹事端的話，也無法與我們全國的軍隊對抗！」

話是這麼說，但是朱元璋在位的時候，曾規定過：在險要的地方，如果有緊

明成祖朱棣

急情況，鎮守的士兵和護衛兵都要聽親王的直接調遣。為此，某些親王的實力就要比黃子澄估計的大得多。當時朱允炆卻相信了黃子澄的話，感到非常寬心，還對他更加信任。

公元 1398 年，朱允炆便在黃子澄、齊泰、方孝孺等人的支持下，開始削藩。

但是朱允炆有二十幾個叔叔，該拿誰開刀呢？就在這個問題上，黃子澄再一次表現出平庸的目光。當時齊泰認為，燕王朱棣手下兵馬最多，並且志向最大，應當先將燕王的軍權奪取。然而黃子澄卻不這麼認為，他覺得朱棣勢力最大，不易削藩，應當先挑軟柿子捏，弄掉其他藩王，削去朱棣的羽翼。隨後，他又說了周、齊、湘、代等王的一些不法行為，可以找到削藩的借口。朱允炆這次又聽了黃子澄的建議。

周王朱橚是第一個被朱允炆開刀的人，並且檢舉揭發他的人竟然是他的親兒子，這樣的至親告密，正是朱允炆求之不得的事；而且朱橚與朱棣的關係比較特殊，都是一母所生，剷除周王，正符合了黃子澄削奪燕王羽翼的思想。

公元 1398 年，朱橚被廢為庶人，囚禁在京師。隨即朱允炆便開始大刀闊斧地開始他的削藩計劃。第二年，岷王朱楩因為西平侯告密，被廢為庶人；其後湘王朱柏因為製造假幣、故意殺人，畏罪自殺；齊王、代王紛紛被囚禁，剩下的，便是對朱允炆威脅最大的燕王。

燕王朱棣頗有雄才大略，他當然知道朱允炆這些舉動的真實意圖，也知道朱允炆定然會派人監視自己的一舉一動，於是便「練兵於後苑中」、「日夜造兵器」。不僅如此，他還裝瘋賣傻，大夏天的時候圍着火爐取暖，渾身顫抖，口中還唸叨着「很冷」。

就用這樣的手段，瞞過了朱允炆的耳目，為自己的起兵做了充足的準備。

在朱橚被囚禁高牆之後，燕王朱棣正式起兵，並以周公自居，宣佈齊泰和黃子澄為奸臣，起兵就是為了剷除奸臣。雖説如此，他還去掉了建文的年號，改用洪武，又稱自己為「靖難」之師，準備跟姪子一奪天下。

朱允炆對於朱棣的起兵並不是很吃驚，歷史上的七國之亂被平定的史實給了朱允炆很大的信心，所以他決定硬碰硬，出兵討伐。靖難軍和中央軍在黃河以北交手，歷時四年，雙方各有勝負，但是最終結果卻是各方面佔有優勢的朱允炆兵敗，失去了江山。

其中有一點是要指明的，就是前文中提到的庸才黃子澄，此人在這次戰敗之中要負很大責任。當時黃子澄極力推薦李景隆領軍，這李景隆根本就是官二代，徒有其表，從未上過戰場，讓他做中央軍的總司令，導致中央軍一敗再敗。此時的黃子澄不僅沒有認識到自己的失策，還為其百般掩飾，希望李景隆能挽回敗局。然而李景隆很不爭氣地又大敗而歸。事後，黃子澄也沒有處罰李景隆，只是將其撤職了事。

公元 1402 年，靖難軍渡過長江，挺進了應天（江蘇南京）。為黃子澄所器重的李景隆率領自己的家丁叛變，主動開門迎接朱棣。與此同時，宮中大火，皇帝朱允炆不知所蹤。這裏有兩個説法：一個説朱允炆在大火中被燒死，朱棣在大火過後找到了朱允炆被燒焦的殘骸，還感慨良多地説了一番話，並按照天子的禮儀將其厚葬。還有一種説法是朱允炆在危難的時候將爺爺朱元璋留下的鐵匣子打開，裏面是一把剃刀，一份和尚的身份證明，一件

袈裟和一些碎銀子。朱允炆想都沒想，剃了個光頭，穿上袈裟，拿上證明，從宮後的水門逃了出去。後來浪跡了三十年，等到朱棣的重孫做了皇帝，恩怨消弭之後，朱允炆才表明身份，回到宮中，最後在宮中病死。

靖難之役後，朱棣奪得帝位，殺了很多建文時期的忠臣，像黃子澄、齊泰自然不必說，方孝孺可以說是比較慘的一個，被株連十族。不僅如此，朱棣還遺傳了朱元璋的殺性，靖難之役之後，與此相關被處死的人約有一萬四千多人，真是有其父必有其子。

總之這場家門內戰，並沒有動搖大明朝的江山，誰贏誰輸結果都是姓朱的當皇帝，倒是牽連了大量無辜的人枉死。

努爾哈赤的崛起

　　早在十二世紀的時候，女真民族建立了金國，那是他們的輝煌歲月。他們佔據了中國一半以上的土地，俘虜過宋朝兩個皇帝。金滅亡的時候，中國境內的女真部落大部分都被殲滅，只有他們的發源地還殘留着一些部落，像黑龍江下游的野女真部落、東北平原的海西女真以及圖們江一帶的建州女真，其中建州女真是最為強大的一個部落，強悍的努爾哈赤便出生於此！

　　努爾哈赤的爺爺覺昌安是建州左衛都指揮，父親塔克世是建州左衛指揮，生母很早便去世了，努爾哈赤自幼便開始忍受繼母的虐待，童年生活非常不幸。為了生活，努爾哈赤隻身入深山，採松子，挖人參，然後到外地出售。

　　努爾哈赤特別喜歡看書，他聰明好學，喜歡看《三國演義》、《水滸傳》等書。明代中末時期的女真部族之間動盪不安，各部之間經常廝殺，統一女真部落便成了女真族迫切的需要，努爾哈赤便是在此時脫穎而出。

　　公元 1583 年，建州的右衛古埒城主阿台屢次進犯遼東，開始起兵反明。明朝大將李成梁便派兵鎮壓阿台，還任用努爾

努爾哈赤

哈赤的爺爺以及老爸作為嚮導。怎料在攻打阿台部的時候，明軍經一個叫尼堪外蘭的頭目挑唆，誤殺努爾哈赤的爺爺和老爸。努爾哈赤知道了這個消息之後，除了悲傷憤慨，就是索要賠償。

明朝政府也自覺理虧，便賜給努爾哈赤三十道敕書（皇帝封官告誡臣子的文書）和十三副鎧甲，還允許其承襲建州左衛指揮使的官位。

努爾哈赤是個有抱負有理想的青年，決定用這十三副鎧甲起兵，成就一番事業。

公元 1588 年，在努爾哈赤的不懈努力之下，他的「十三副鎧甲」逐漸壯大，並且逐步統一了建州女真。在整個女真族內部，努爾哈赤的威名逐漸傳開，引起了族內強烈震盪，也讓正在成長的海西女真感到了強烈的威脅。這一切明朝政府自然盡收眼底，為了防止努爾哈赤一家獨大，在明朝的唆使下，海西女真與建州女真時常交戰。

公元 1593 年，葉赫部族首領納林布祿集結三萬聯軍，兵分三路向努爾哈赤發動進攻。努爾哈赤知道這個消息之後，毫不慌亂，積極策劃，沉着應戰，他向自己的將士分析道：「敵人都是海西女真各小部族的聯軍，部族首領多，各自為首，心懷鬼胎，都是烏合之眾；我軍雖然兵力不足，但都是精兵良將，奮力迎戰的話，重傷其頭目，敵人自然會潰敗而歸。」

努爾哈赤親自督陣堅守古勒山要塞，設下埋伏，並派軍去將葉赫部引誘進入埋伏圈，射殺其頭目布齋。布齋死後，各部聯軍一片混亂，努爾哈赤率兵追擊，殺得聯軍大敗而歸，生擒了烏拉部首領滿泰的弟弟布占泰。這一戰，努爾哈赤聲威大震。

古勒山大捷之後，努爾哈赤趁機分化各族矛盾，用逐步蠶食

的策略，將矛頭指向海西女真。直到 1616 年，努爾哈赤費盡千辛萬苦，歷經二十多年的征戰，終於統一了女真族。努爾哈赤在統一女真族的過程中，逐漸形成了以建州女真為主體的新的民族共同體。在此期間，他還創建了八旗制度，建立了女真族的奴隸主貴族政權。

同年，努爾哈赤稱汗登位，國號後金，建都赫圖阿拉城。

後金政權建立之後，努爾哈赤便將鋒鏑直指明朝。公元 1618 年，努爾哈赤發佈「七大恨」祭天告地，正式和明朝決裂。

就在努爾哈赤反明的第二年，明朝的將領楊鎬統軍十萬，兵分四路討伐後金，準備一舉平定後金。楊鎬顯然沒有認識到努爾哈赤的勢力。努爾哈赤聞訊，集結了六萬大軍抵抗，在薩爾滸（遼寧撫順）與明軍鏖戰了六天之久。楊鎬軍最終大敗，陣亡了四萬五千兵士，而努爾哈赤只死了兩千人而已。隨即金軍士氣高漲，努爾哈赤趁機攻陷了開原和鐵嶺。明朝政府至此之後，進入了被動防守的階段。

公元 1621 年，金軍攻陷撫順、遼陽、瀋陽，一路高歌猛進。其後，朝廷分別任命熊廷弼為遼東經略、王化貞為遼東巡撫，這樣做的目的除了抵抗金軍，也為了讓兩個手握重兵的邊防大將能互相牽制。

熊廷弼是繼于謙之後中國數一數二的軍事奇才，但是他恃才傲物，對於資質愚鈍的人不能忍受。為此，熊廷弼的人緣並不是很好，他的上級都非常厭惡他，雖然他的官銜比王化貞要高，但是由於王化貞是個交際能手，又有兵部尚書作為自己的靠山，所以王化貞根本就不用看熊廷弼的臉色。

當時熊廷弼只有四千人的軍隊，駐紮在山海關。而王化貞

卻有六萬重兵，駐紮在山海關北面二百四十公里的廣寧（遼寧北寧）。王化貞是個善於鼓動人心的人，他當時就對內宣傳道：「只要中央政府一聲令下，我的六萬大軍就能輕而易舉地將努爾哈赤一舉蕩平。」

但是熊廷弼認識到，邊防軍的實力根本不是金軍的對手，便提出以守為主，靜觀其變。王化貞對熊廷弼的建議置之不理，他用克扣來的軍餉去賄賂中央官員，得到了大多數人的支持，並強烈抨擊熊廷弼無能，剛愎自用。

公元 1622 年，王化貞天真地想招降努爾哈赤，怎料努爾哈赤根本不買賬，直接先發制人，以迅雷不及掩耳之勢出擊廣寧，將王化貞的六萬大軍如數殲滅，王化貞最終只能兵敗逃走。

此後，發生了一件非常可笑的冤事，我們也可以通過這件事看出當時的明朝政府多麼的腐朽不堪。這場敗仗跟熊廷弼可以說沒有任何關係，但是當時專權的宦官魏忠賢卻認為這個敗仗原因就是熊廷弼，將其逮捕入獄，三年之後斬首。這場敗仗的罪魁禍首王化貞也被抓進了監獄，但是待遇卻非常好，在他的巨額賄賂之下，一大批「群眾演員」走上街頭，為「忠臣良將」王化貞呼喊申冤。

此戰之後，明朝在東北地區的土地喪失殆盡，最後只剩下錦州、松山（遼寧錦州南松土堡）、寧遠三個孤城，也正是這時，袁崇煥出場了。努爾哈赤大勝之後，將都城遷到了遼陽，隨後又遷到了瀋陽，離明朝首都越來越近。

公元 1626 年，努爾哈赤統帥十一萬精銳兵團，進軍寧遠。沒想到守軍巡撫袁崇煥是個擁有鋼鐵意志的強人，結果慘遭失敗，努爾哈赤本人也被守軍的葡萄牙巨炮擊中，重傷而亡。

第十章

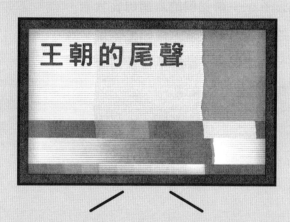

王朝的尾聲

中國古代史的結尾處同樣精彩。文韜武略的皇太極、揭竿而起的李闖王、衝冠一怒的吳三桂。這些個性鮮明的亂世英雄逝去之後，是睥睨古今的康熙大帝、好大喜功的風流天子……再強健的身體也會衰老，再強大的王朝也會沒落。盡頭處，是辛亥革命的一聲炮響，終結的不僅僅是一段歷史，還有一種古老的文明。

皇太極計殺袁崇煥

努爾哈赤死後，公元 1626 年，皇太極繼位，繼續對寧遠地區發動攻擊。袁崇煥充分展現了優秀的軍事才能，鎮定自若，調兵遣將，擊退了皇太極的進攻。

皇太極並不死心，在回軍的路上，又順道向錦州發動進攻，卻又被守軍擊退。此時的皇太極才認識到明朝政府雖然內部民變如火如荼，朝綱敗壞，但是邊疆的駐軍實力還是頗為強大。迫於形勢，頭腦清醒的皇太極準備跟明朝和解，但是明朝必須承認金國的存在。

但是明朝卻拒不承認金國是一個獨立的國家。皇太極為了能震懾明朝政府，讓統治者看清現實，他先是用武力征服南方的朝鮮和西邊的蒙古察哈爾部 —— 這兩個都是依附明朝的勢力，征服了這兩股勢力無疑切斷了明朝邊疆勢力的兩翼。其後，擁有了葡萄牙巨炮的金軍繞過了寧遠和山海關，避免和袁崇煥交兵，破薊門，長驅直入，打到北京城下，給當時驕傲自大的明朝政府當頭一擊。

當時已經榮升為遼東督師的袁崇煥得到消息，當即統帥五千騎兵奔赴北京，日夜兼程，奔馳了四百公里，到達北京之時，已經疲憊不堪。即便如此，金軍還是被袁崇煥擊退。

袁崇煥雖然保護了皇都的安全，朝中那些喜歡搞政治鬥爭、不顧國家安危的官員不僅沒有感謝袁崇煥的救援，還責備其防守不力。其實金軍攻破長城，進軍北京，該負責的是薊州負責人，

如今卻無故責備前來忠心護主的袁崇煥，可想而知明朝政府之中都是一幫什麼樣的官員。

皇太極最大的剋星是袁崇煥，自己屢次進攻都被其打退，最重要的是此人還是殺父仇人，必須要先解決此人。皇太極和他老爸努爾哈赤一樣，對於《水滸傳》、《三國演義》這些書都非常熱愛，自然知道「蔣幹盜書」這個故事，於是便運用反間計來對付這個正面難以戰勝的對手。

當時金軍抓了兩個明朝的宦官，並故意在他們面前演了一場戲。兩人被抓到金營，深夜睡得迷迷糊糊的時候，就聽見營外士兵交談。

甲說：「今日為何停戰？」

乙答：「我見大汗驅馬到敵營，對面兩人迎來，密談了很久。應該是袁崇煥有什麼祕密的事要告訴我們，事情很快就會解決了！」

其後，一個宦官就自以為幸運地逃離了金營，回去向崇禎打小報告。崇禎聽完，勃然大怒。群臣知曉後，將金軍打入北京的所有原因都歸結於袁崇煥的過錯，還有人大罵其為叛國賊。袁崇煥的下場可想而知，被抓之後，受磔刑而死。

皇太極

十六年後，改稱清朝的後金公佈了這件冤案的始末，大肆嘲笑了昏庸的明朝政府。

袁崇煥死後，皇太極提出和解。在

和解的過程中，皇太極察覺到漢人對「金」這個國名和「女真」族名感到非常憎恨，這樣會大大增加兩國之間交流的難度。隨即皇太極改「金」為「清」，將「女真」改為「滿洲」，又取消了「可汗」稱號，改稱「皇帝」，還將自己的「佟」姓改成了「愛新覺羅」，將建州女真曾臣屬於明朝政府的那段歷史全部抹殺，並重新杜撰了滿族的起源。

皇太極做了這麼多，還是沒有和明朝達成和解。因為明朝政府要求清政府不能用「皇帝」這一稱號，只能稱王，也就是說明朝政府只承認清政府是朝鮮那種藩屬國，是臣服於明朝政府的。然而清政府卻根本不這樣認為，他們要和明政府平起平坐，並且要明朝政府割讓出長城以北的三個據點。

雙方提出的條件，兩邊都無法接受，那就只能兵戎相見。公元 1638 年，清軍第四次攻打明軍，佔領錦州、松山。至此，明朝政府在山海關外只剩下寧遠一個據點。

此時，崇禎才知道清軍不好打發，便派兵部尚書陳新甲去跟清政府祕密議和。雙方私下裏接觸多次，眼見就能達成協議的時候，陳新甲卻出了紕漏。他竟然將雙方洽談的機密文件大大咧咧地放在桌子上，他的下屬還將這些機密文件當成可以公開的普通文件，公佈了出去。

此番舉動引起了劇烈的政治風波。對於儒家思想根深蒂固的漢人來說，寧死不屈，作戰到底才是英雄，而主動求和的都是投降者、賣國賊，就像當年宋金議和一樣，宋朝喪權辱國，如今明朝政府竟然與清政府祕密議和，自然引起了中國「愛國人士」的不滿，大罵與滿清議和的人是賣國賊、漢奸。崇禎是一個死要面子的人，當然不會承認這是自己的意思，於是陳新甲便成了替罪

羔羊，被處斬。

陳新甲死後，兩國之間的和談破滅。其實，從長遠來看，和談可能是明王朝最後一根救命稻草。

和談失敗之後，皇太極非常惱怒，開始了第五次入塞，而此時的明朝內憂外患，根本無力阻擋。

闖王進京

公元 1623 年，宦官魏忠賢受命執掌東廠，權勢達到了頂峰。魏忠賢誣陷忠良，專橫跋扈，當時人稱「閹黨」，他的黨羽尊稱他為九千歲。由於他權勢滔天，那些只懂諂媚之道、趨炎附勢的官員紛紛向魏忠賢靠攏。

浙江巡撫潘汝楨和宦官李實為討魏忠賢喜歡，在西湖邊為魏忠賢建祠堂，歌功頌德。這一舉動帶動了建祠風氣，各個地方的官員紛紛效仿，表示對魏忠賢的忠心。不僅如此，還有很多官員趨炎附勢，認魏忠賢為義父，乾爺爺，至此便有了「五虎」、「五彪」、「十狗」、「十孩兒」、「四十孫」這樣的群體存在。民間只要有百姓說魏忠賢的壞話，立刻就會被抓起來，剝皮、割舌。

魏忠賢當權七年，枉死在他屠刀下的人不計其數，朝政一片黑暗，明朝的根基幾乎被他挖空。

公元 1627 年，魏忠賢的靠山明熹宗病死，由於明熹宗沒有兒子，他的弟弟朱由檢繼位。

崇禎皇帝朱由檢很想有一番作為，但生不逢時，當時大明帝國已經搖搖欲墜，神仙也無法讓其起死回生。崇禎上臺後，果斷幹練地除掉閹黨。

隨後，崇禎大膽啟用被閹黨排斥的東林黨成員，不僅如此，崇禎還以身作則，勤政節儉，試圖將岌岌可危的大明帝國從死亡線上拉回來，怎奈早已無力回天。

早在前面兩任皇帝在位的時候，各地的軍將就虛報名額，

大肆貪污軍餉。就像當時的錦州總兵吳襄，實際上他只有三萬兵，卻上報八萬，可想而知獲利多少。明朝的統治者為了緩解財政危機，一再加重賦稅，從而讓國家陷入惡性循環。

闖王李自成

西北地方更是慘不忍睹，陝西很多地方一年沒有下雨，地上草木枯萎。八九月份的時候，老百姓吃着山裏的蓬草還能勉強生活。到了10月，蓬草也被吃光，便開始剝樹皮食用。年終之時，樹皮也吃完了，便只能挖山裏的石塊來吃，這裏的石塊就是人稱「觀音土」之類的泥土，用水煮沸就可以融化成糨糊狀，吃下去可以暫時充飢，但是不久之後便會凝固成之前的石塊，使人腹部發脹，無法大便，最終腹脹而死。

在陝西安塞城西北，每天都有嬰兒和幼童被遺棄在路邊，哀號不止，餓了只能隨手撿食地上的糞便。未成年人或者獨行的人只要一出城，便會失蹤。後來看見城外的貧民用人骨當木柴燒，烹食人肉，才知道那些失蹤的人都被飢民給吃掉了。

就這樣一個置百姓生死於不顧的政府，還能繼續維持下去嗎？至此，有些地方的飢民為了能夠存活下去，險中求生存，他們聚成一團，推選出有能力的領導者，向那些官員和有錢的鄉紳去搶奪食物。而這些飢民也逐漸變成有組織有紀律的武裝群眾，他們之中有十名頗具名望的領導者，像闖王高

迎祥、混天王、掃地王等。

　　後來，高迎祥的起義軍又和另一個起義軍王嘉胤會師。王嘉胤手下有個叫張獻忠的部下，此人號稱「八大王」，早年的時候在延安府做過捕役，為人有大志向，並且勇猛過人，攻城之時都衝在最前面。

　　王嘉胤還有一個部將，就是李自成。此人是高迎祥的外甥，早前是個驛卒。加入起義軍之後，在作戰中嶄露頭角。高迎祥1636 年被明朝政府處死之後，李自成接任闖王之位。

　　闖王李自成是歷史上一個傳奇人物，正是他帶領農民軍攻入京城。

　　公元 1641 年，守衛魯陽的明軍因為不滿福王殘暴的統治，發動兵變，李自成便與城中明軍達成協議，一舉攻下了洛陽，殺了福王朱常洵，將數萬石大米和數十萬黃金都分給了農民。

　　公元 1643 年，李自成又攻佔了湖北、河南的大部分地區，在襄陽建立政權，改襄陽為襄京，李自成為「新順王」。其後，李自成又接受顧軍恩的建議，取得關中作為根據地，然後從山西、宣府攻取北京。

　　公元 1643 年，新順軍在河南大敗明總督孫傳庭軍，乘勝追擊，攻破了潼關，孫傳庭戰死。新順軍直下西安，一路勢不可擋，很快就佔領了全陝及甘肅、寧夏等地區。公元 1644 年，李自成改西安為西京，立國號為「大順」。

　　此後，大順軍開始北伐，穿過山西省，幾乎沒有遇到什麼抵抗便直接打到了首都北京。明朝政府用來保衛首都的十五萬京軍霎時嘩變，因為政府已經五個月沒有給他們發餉銀。當時已經投降的宦官杜勳勸降城頭上防守的宦官同僚：「我們的富貴，另有

地方，不要太死心眼了。」

隨即，監視城防的宦官頭領曹化淳便打開城門，堅固非常的北京城就這樣不攻自破了。崇禎聽到消息之後，慌忙出逃。他拋妻棄子，拿着一把當時最新式的武器 —— 三眼槍防身，帶着十幾個手持利斧的宦官向東華門出逃，怎料城上守門的宦官不僅不給他開門，還放箭阻止他逃走。無奈之下只能又逃到了齊化門，這個守城的將領是崇禎最信任的朱純臣。怎料朱純臣如今理都不理這個當朝的皇帝，下令不許開門。

明思宗無奈，只能又去安定門，安定門的守軍已經全部潰散，大門緊閉。此時天色漸明，都能依稀聽到大順軍遠處的呼喊聲，感覺逃無可逃的明思宗只能重返皇宮，在煤山之上自縊而亡，還留下一封遺書。

遺書上的內容大致就是錯不在己，都是大臣的過錯，還正氣凜然地包攬了責任，希望起義軍不要傷害百姓。總之這份遺書真假難辨。李自成攻入北京之後，將都城又改為了北京。原來的那些明朝官員紛紛投降李自成。明朝滅亡後，明朝的殘餘勢力在南方建立南明政權。

那些投降的高官，像朱純臣、吳襄這些人，並沒有受到大順政府的厚待，反而都被關進了監獄，還嚴刑拷打，追繳他們在明政府時代貪污的贓款。這個吳襄有一個兒子，就是當時明政府邊防軍中最強的薊遼總兵吳三桂。雖然大順軍攻佔了北京，但也只是控制了華北的一部分地區而已，所以明朝殘餘的勢力還是不容小覷的。而此刻，吳三桂正率領大軍從寧遠向北京開來，準備見機行事。

衝冠一怒為紅顏

大順政權控制北京之後，在無數的金銀珠寶面前，露出了農民目光短淺的本性，之前起義喊的那些口號統統變成浮雲，一切變得毫無秩序可言。他們沒有看到兩股對自己有着致命威脅的勢力正在蠢蠢欲動。一個是雄踞遼東，一直暗中注視關內的大清政權；還有便是手握重兵的明朝將領吳三桂。

公元 1643 年，清朝皇帝皇太極去世，他的弟弟多爾袞擁立他第九子福臨繼位，多爾袞當上攝政王。為此，清政府內部鬥爭越發激烈，多爾袞獨攬大權後，將注意力集中在中原。大順軍進入北京之前，清政權曾派人聯繫過李自成，要與其共享富貴，但是李自成一口便回絕了。在清政府看來，李自成是一個無法爭取的人，是清軍入主中原的最大障礙。

再說這吳三桂，本來是準備投降的，可是後來聽說農民軍在北京城燒殺搶掠，還嚴刑拷打自己的父親，更讓人氣憤的是，劉宗敏這廝居然將自己的愛妾陳圓圓變成手中玩物。

吳三桂一躍而起，當即命自己的軍隊全部穿上白色的喪服，誓言要為崇禎帝報仇。不久之後詩人吳梅村便寫下了《圓圓曲》來描述這件史事，其中有兩句便是：「慟哭六軍俱縞素，衝冠一怒為紅顏。」

憤怒的吳三桂迅速出兵，奪取了大順軍控制的山海關。消息傳到了北京，李自成大驚，當即便親自率領十萬大軍，浩浩蕩蕩地向山海關開進。吳三桂不是那種不知天高地厚的人，面對強

大的大順軍，自知不敵，便派使者向關外的清軍求救，希望兩軍合戰。

多爾袞收到了來自山海關的盟書，心中欣喜非常，這麼多年可望不可即的山海關如今竟然向自己開門招手，怎麼能不高興。但是多爾袞並未輕易答應吳三桂，而是要吳三桂投降清軍，不承認所謂的結盟。吳三桂權衡利弊，答應投降，入清營拜見多爾袞，稱臣議事。最終雙方達成協議，吳三桂率軍充當先鋒，多爾袞親率十萬清兵後援。

山海關外，吳三桂率先跟大順軍交手，而老謀深算的多爾袞正等着兩軍鏖戰得如火如荼的時候，再從側翼發動進攻。大順軍殺得正酣之時，突然見到穿着奇裝異服的清軍殺入戰場，心中大為驚恐。李自成帶着軍隊逃到北京，後面清軍窮追不捨，李自成又從北京逃到西安，清軍一路追到西安。隨後，李自成率軍退到通城（湖北通城），戰死在九宮山。李自成的餘部後來和南明政權聯合抗清。

多爾袞攻佔北京之後，實施了一系列的撫民政策，將原來的田、房又都歸還給農民，還將投降的官員全部復職。其後，順治皇帝在北京舉行登基大典，標誌着清政府入主中原成功。

明朝的殘餘勢力當然不甘心將天下拱手相讓，於是在江南地區，出現了許多南明小朝廷，南明政權最終沒有挽回

傾國傾城的陳圓圓

天下，清朝成為中國最後一個封建朝。

　　如果站在漢民族角度來看，明王朝的滅亡無疑是讓人悲痛的。但是如果我們換一個角度去看，我們應該非常慶幸明王朝的滅亡。在明朝政府的統治下，中國的疆土逐步萎縮，國防力量非常薄弱，內政黑暗非常，可以説老百姓根本無法生存。清王朝掌權後，至少保證了人民的安居樂業。

　　總的來説，清政府取代了明朝政府，是歷史的趨勢。

康熙削藩

明朝滅亡後，滿漢之間的民族矛盾日趨激烈。公元 1645 年，清政府攻陷南京之後，頒佈了剃髮令。

據歷史記載，北方的一些少數民族都喜歡將頭頂四周的頭髮剃光，然後留下頭頂當中的一撮，等到長長之後再結成辮子垂到背後。而漢人一直都是束髮，將頭髮盤在頭頂。在漢人眼中，滿人的那種髮式實在是醜陋無比，而滿洲人為了加強統治，下令全民都要剃髮，並喊出口號：「留頭不留髮，留髮不留頭。」

這樣的做法激起了漢族人民強烈的不滿，尤其是江南地區，反抗最為激烈。無論是士兵還是百姓，都奮起反抗，但是由於缺少統一的領導，最後都被清政府殘酷地鎮壓下去。其間，清軍在揚州屠殺了十天，殺死了八十多萬人，在嘉定屠殺了三次，死傷無數，史稱清政府這兩次獸行為「揚州十日」、「嘉定三屠」。

清政府之所以能這麼迅速地穩定局面，離不開三個叛明投清的人的「支持」，其中一個是害死南明最後一個皇

康熙

帝朱由榔的吳三桂，另外兩個分別是福州靖南王耿精忠和廣州平南王尚可喜。這三人幫助清朝奪得天下之後，都受到順治帝的封賞，封為藩王，劃給他們很大一塊土地，時稱「三藩」。

三個非皇族的藩王，手握重兵，遠離中央，佔據一方——這樣的形勢在專制時代肯定只是一種權宜之計。隨着清政府的統治越來越穩定，三藩心中也有「山雨欲來風滿樓」的感覺。

公元 1661 年，二十四歲的順治帝去世，其子玄燁繼位，也就是中國歷史上鼎鼎有名的康熙帝。

因為康熙登基時年幼，順治帝遺詔，由索尼、蘇克薩哈、遏必隆、鰲拜四人輔政。其中鰲拜最為專橫囂張，他欺負康熙年幼，在朝中廣植黨羽，反對他的大臣都沒有什麼好下場，他還處死了另一個輔政大臣蘇克薩哈。

公元 1667 年，康熙親政，但是鰲拜還是不願讓出權力。胸有大志的康熙又怎麼甘願做鰲拜手中的傀儡皇帝，他在祖母孝莊文皇后的支持下，暗中組織勢力，培植了一些忠實可靠的心腹。為了防止鰲拜對康熙下手，索尼的兒子，內宮侍衞索額圖便選了一批少年侍衞，表面上是陪康熙摔跤遊樂，實際上是麻痺鰲拜，伺機對鰲拜下手。

一次召見鰲拜的時候，康熙讓自己的「玩伴們」抓住鰲拜，歷數鰲拜罪名，念在他是輔政大臣的份上，饒他不死，關押牢中。康熙的做法贏得了一致好評，也樹立了自己的威望，將權力牢牢控制在手中。

公元 1673 年，尚可喜再也忍受不了自己的兒子尚之信的專橫，便向朝廷請求退休，回遼東養老，由兒子繼承爵位。這無疑是向朝廷主動要求撤藩，示意自己絕無反心，也免得清政府親自

動手。康熙帝自然高興應允，尚之信雖然可以繼承爵位，但是不能接替尚可喜鎮守廣州。

其後，吳三桂和耿精忠串通一氣，假意向朝廷提出撤藩，試探朝廷的意向。藩王主動請求撤藩，康熙自然求之不得，但是他考慮更多，如同意了會有什麼結果，無非兩種：一種是他們乖乖同意撤藩；另一種是他們假意提出，如果真要撤藩，他們有可能會造反。但是撤藩是當務之急，早晚都要面對，當即下令批准他們撤藩的請求。

吳三桂和尚可喜發現朝廷竟然不挽留他們，果斷地答應了他們「撤藩」的請求，當即兇相畢露，起兵造反，尚之信隨即也加入其中。三藩推舉吳三桂為領袖，並很快在軍事上取得了優勢。康熙面對着不利形勢，沉着冷靜地調度全局，並將攻擊的重點集中到吳三桂身上。

康熙在平叛開始的時候就宣佈只要棄暗投明的人，既往不咎，原有的爵位還能保全。在其寬大政策的號召之下，三藩勢力逐漸呈現出瓦解的趨勢，尚之信、耿精忠紛紛投降朝廷，叛軍的優勢開始喪失。與此同時，康熙帝還大膽任用了一大批漢人作為將領，彌補八旗戰鬥力不足的現狀。

在康熙沉着穩重的調度下，經過兩年多的奮戰，戰場形勢發生了逆轉，將被動迎戰變為了主動出擊，收復大片被叛軍佔據的地區。

雖然此時的吳三桂已經眾叛親離，但是他仍然冥頑不化，還變本加厲地在湖南衡州稱帝，想嚐嚐做皇帝的滋味。但是沒有過幾個月，吳三桂便一命嗚呼，其孫吳世璠從雲南趕到衡州「即位」。到了公元 1681 年，湖南、四川、廣西、廣東都為清軍收

復，最後清軍包圍了吳世璠的所在地昆明。

　　吳世璠見大勢已去，便服毒自殺。至此，歷時八年之久的三藩之亂終於被平定。康熙帝平定三藩叛亂，為國家的統一做出了貢獻。

康乾盛世

　　康熙治理下的大清朝，疆土不斷擴大。早在公元 1661 年，民族英雄鄭成功將荷蘭殖民者驅趕之後，美麗富饒的臺灣寶島就重新回到了中國人的懷抱。鄭成功死後，海峽兩岸的形勢發生了翻天覆地的變化。

　　鄭成功去世之後，他的兒子鄭經繼承了延平王府的王位，並向清政府提出和解，要求清政府承認臺灣是一個獨立的王國，像朝鮮、安南（越南）那樣，不用剃髮改服裝，只要向清政府稱臣，進貢就可以，做清政府的藩國。清政府猶豫過後，表示同意。

　　其後，鄭經又得寸進尺地要求清政府保留福建省廈門作為貿易據點，這一要求讓清政府非常不滿。三藩戰亂之時，鄭經曾經跟耿精忠合作，派遣過軍隊到福建和廣東參戰，後來三藩戰敗之後，鄭經在大陸的據點全部喪失，此時力量薄弱的他才想到自保，當時清朝已經不再給他機會，要用武力將其消滅。

　　康熙平定三藩之後，到了公元 1683 年，清政府福建水師提督施琅率領三百艘戰艦，向臺灣島進發。水軍先是攻陷了臺灣海峽的澎湖列島，其後又進攻臺灣。鄭氏集團控制臺灣已經二十三年，早年的那些反清復明的精神早就隨着安逸的生活消失殆盡，將領和士兵都在島上成親，根本就不想再打仗。清軍幾乎沒有遭到什麼抵抗便登陸了臺灣島。當時的政權領導人是鄭經的兒子鄭克塽，他見大勢已去，便投降了清朝。隨後，清朝在臺灣設立了

一府三縣，將臺灣隸屬於福建省，鞏固了中國的東南海域。

康熙帝雄才大略，收復臺灣之後，用兵北上，收復早年在明朝政府統治時期被俄國侵佔的東北疆土。在強大的武力之下，俄國人被迫停戰，雙方達成共識，簽訂了《尼布楚條約》。這個條約不僅解決了中俄兩國多年來的和平問題，還捍衛了祖國領土的完整。隨後康熙又親征新疆準噶爾，擊敗了噶爾丹，使得蒙古國的土爾扈特部又臣服清朝，中國的疆土達到新的廣闊程度。

除了擴大疆域，康熙還很注重國內的民生問題。他崇尚儒學，並且調整賦稅，治理黃河，做了不少有利於百姓生活的好事。當然，人不可能不做錯事，康熙在位時，對於知識份子思想的禁錮壓迫是非常嚴重的，並且屢興文字獄，限制了民族的創造力，阻礙了文化的發展。

康熙去世之後，第四子胤禛繼位，年號雍正。

雍正早年受到康熙嚴厲的管教，精通滿文、漢文，並且身體素質非常好。其後經常跟着康熙外出巡行，增長了不少見識，為他日後治國起到了積極的促進作用。康熙帝有三十五個皇子，而雍正就是憑藉自己八面玲瓏的手段，百般迎合康熙，同時又圓滑地處理與哥哥弟弟之間的關係，最終脫穎而出，繼承皇位。當然也有説法是雍正篡改了康熙的遺詔，不過不能證實。

雍正帝在位期間，整頓官吏，打擊貪污賄賂。同時減少了老百姓的人頭税，還將鑄錢的成本算在國家的支出中。為了鞏固自己的政權，他設立了軍機處，還推廣了奏摺制度，更有效地治理朝政。同時他深知民間疾苦，開放了海禁，允許了一部分地區和南洋貿易，並且大力打擊販賣鴉片的行為，一旦查知，嚴懲不貸。當然，雍正依舊如康熙那樣，鉗制知識份子的思想，大興文

字獄。

　　總的來說，雍正的一生還是為所謂的「康乾盛世」起到了一些促進作用的。但是很多歷史學家並不承認這段時間是盛世，其中最根本的原因便是知識份子的思想一直被禁錮（包括後來的乾隆）。

　　隨後，大清朝在下一個統治者弘曆的帶領下，進入了鼎盛的乾隆時代。

　　乾隆帝，名弘曆，年號乾隆。他是雍正帝的第四子，小的時候就非常聰明，六歲便能背誦詩詞。早年康熙帝在位時，在雍正的宅邸看見舉止莊重的乾隆，又見其體貌端正，歡喜道：「此子福氣超過我啊！」隨後，弘曆便被康熙帶回皇宮養育。

　　公元 1735 年，雍正帝在圓明園去世，按照雍正藏在密匣子裏的遺詔，弘曆登基即位，次年改元乾隆。

乾隆

　　乾隆登基之後，跟他的爺爺一樣，大力開拓疆土，同時也鎮壓人民起義，並將其功勳羅列稱「十全武功」，載入史冊，流傳後世。

　　在乾隆統治下的清朝，呈現出了空前的繁榮景象。為此，西方一些較早進入資本主義制度的國家，紛紛注意到了這個繁榮昌盛的國家。公元 1793 年，英國

派出了以馬戛爾尼為首的使節團來到中國，在承德避暑山莊受到了乾隆的接見。

乾隆時期，大清帝國幅員遼闊、兵強馬壯、物產豐富、人民安居樂業，呈現出一個多民族統一的大國景象。當然，在這盛世繁華之下，誰也看不到大清王朝正在逐漸走向衰弱以及後面所要面臨的各種危機。晚年的乾隆好大喜功，不思進取，陶醉在自認為是自己一手創造的盛世之中。他鋪張浪費，多次外出巡遊，奢侈無度，無形之中加重了老百姓的賦稅。

乾隆時期，官員的貪污腐敗之風日益嚴重，當時歷史上最大的貪官便是乾隆最喜歡的臣子和珅。和珅早年是個三等小侍衛，被乾隆一手提拔上來。早年的和珅確實做過不少好事，也非常有才華。他相貌出眾，語言才華卓越，還精通滿、漢、藏、蒙古四種文字。和珅因為查辦了李侍堯的受賄案，從此在乾隆心中留下了公正廉潔的好印象。其後，乾隆交代的事他都能辦得妥妥當當，自然就平步青雲，官居高位。

和珅好比是乾隆的錢袋，全國各地賄賂都紛紛鑽進和珅的口袋中。和珅當上二把手後，建立起一個全國性金字塔形的貪污系統，如果哪個官員不向其行賄，就會遭到排斥，甚至被陷害入獄。

公元 1799 年，弘曆去世之後，失去靠山的和珅被繼位的嘉慶帝處死。抄家過程中，清點和珅的家財有九億兩白銀，這僅僅是他個人的家財，還沒有算他宗親貪污的錢財，而當時清政府全年的收入才八千萬兩，和珅不愧為中國歷史上集貪腐之大成者。

上樑不正下樑歪，從和珅身上我們可以看到當時官場已經接近「無官不貪」的地步。「乾隆盛世」是大清朝的一個頂峰，但

也是清朝走向衰落的一個轉折點。從此之後,清朝江河日下,加上外敵的侵略,最終走向滅亡。

清末之恥

　　乾隆盛世之後，中國內部的社會矛盾越發激烈，民變此起彼伏，而官場越發黑暗。就在中國做着天朝上國的美夢時，西方列強開始覬覦中國這頭沉睡中的獅子。

　　早在十三世紀的時候，西方探險家馬可‧波羅在他的書中描述中國是一個遍地黃金的地方。所以在當時西方人心中，中國就是一個金銀山。等到他們掌握了成熟的航海技術和足夠的侵略實力，就會打金銀山的主意。

　　在十四世紀明朝政府統治期間，中國開始了「閉關鎖國」的愚民政策，逐漸與西方國家中斷了聯繫。就在這段時間裏，西方國家埋頭苦幹，到了十八世紀，英國已經率先進入了工業革命時代，中國也即將面臨一段令人憤慨的屈辱史。

　　眾所周知，鴉片是一種毒品，一種人類只要吸食之後便會上癮的毒品，就是這樣的東西，成了英國炮轟中國大門的導火索。

　　當時世界上最大的販毒國是葡萄牙，後來英國征服印度之後，販賣鴉片的專權就到了英國的手中。至此，大量的鴉片開始源源不斷地向中國湧入。鴉片的湧入，一是讓大量的白銀流出國境；二是吸食鴉片的中國人身體衰弱，變成「病夫」。

　　林則徐是堅決主張禁煙的，他向道光皇帝提出禁絕鴉片，不惜一切代價。

　　林則徐是湖廣總督，他給道光的奏摺中說：「如果放任鴉片交易，數十年之後，中國將再也沒有抵抗敵人的士兵，再也沒有

維持軍隊的糧餉。」

　　道光聽取了禁煙派的進言，當即便下令禁煙，任命林則徐為欽差大臣，前去廣州禁煙。林則徐是個很強勢的人，一到廣州，他便下令禁絕鴉片。對於他發出的命令，大部分的外國商人都表示能夠接受，但是英國方面卻表示異議，雙方談判破裂。其後，又發生了林維喜命案，一群英國人在香港九龍打死平民林維喜。對此，林則徐非常憤怒，對英國採取了強硬的姿態，中斷中英兩國之間的貿易往來。

　　英國政府得知了中國政府下令兩國禁止通商之後，非常憤怒，決定要用武力打開中國市場的大門。

　　1840 年，中英兩國爆發了鴉片戰爭，封閉自守的清政府在軍事上又怎會是英國的對手呢？戰敗之後的中國被迫簽訂了《穿鼻條約》，隨即中國單方面廢除了這個條約，英國方面其實也不想要這個條約，因為他們覺得這個條約太便宜清政府了，欲用武力讓清政府徹底臣服，以攫取更大的好處。

　　隨後的一戰毫無懸念，清政府再一次戰敗，英國政府如願以償地和清政府簽訂了好處多多的《南京條約》。這樣的不平等條約並沒有讓沉睡的中國清醒過來，反而隨着戰敗後得勢的西方商人大量輸入的鴉片越發沉淪。中國從此墜入了半殖民地半封建社會的無底

鴉片戰爭

深淵。

英國通過《南京條約》獲得了巨大好處，其他西方國家自然眼紅不已。隨即，美國的軍艦開到了廣州，那些猶如驚弓之鳥的官員當即便與美國簽訂了又一個不平等條約 ——《望廈條約》。事情並沒有到此結束，反而愈演愈烈，接着，法國、葡萄牙、西班牙、比利時等這些國家都來分一杯羹，而此時的清政府軟弱無能，只能被迫簽下了無數份喪權辱國的不平等條約。

相對於此時外交上低聲下氣的清政府，民間對於外來侵略者的態度，可以說是大快人心。太平天國的領導者洪秀全將他的信徒組織起來，成立了太平軍，準備推翻清政府的腐朽統治。清政府派出了他那對外軟弱無能、對內囂張跋扈的軍隊前來鎮壓。太平軍在攻陷岳州之後，在地下挖出了多年前吳三桂埋在地下的巨炮，至此實力大增，相繼攻下了武昌、江寧（南京），還將南京定為國都，改稱天京。

太平天國並沒有能推翻腐朽不堪的清政府，隨着其後太平軍北伐的失敗而逐漸走向了衰敗。

西方列強的侵略隨着動盪的餘波再次襲來，英法聯軍又一次炮轟苟延殘喘的清政府，軟弱無能的清政府根本無力抵抗，先後與英法帝國列強簽訂了《天津條約》和《北京條約》。這些不平等條約都是大同小異，不外乎割地賠款，給予那些簽約國各方面的外交好處。

在此之後，俄國也不甘示弱，開始趁火打劫，大肆侵佔我國北方的土地，清政府自然少不了要簽訂不平等條約，可能這種條約對於清政府來說，還是一種好事，能給他們換來短暫的和平。

這個時期的清政府已經無藥可救。1894 年，蟄伏許久的日

本向中國發動了中日甲午戰爭，對中國展開無情的侵略和掠奪，並與清政府簽訂了《馬關條約》。

失敗，一連串的失敗，讓清朝統治者意識到改革是必須的。當時知識份子康有為等人的建議下，開始了百日維新，史稱戊戌變法，民間也自發形成了抗擊外來侵略者的義和團，只是清政府實在已經病入膏肓，只怕是神仙也無法救治。當時的實際掌權者慈禧太后是個冥頑不化的老封建，她辣手一出，改革很快失敗。中國依舊在半殖民地半封建的泥潭中掙扎。後來八國聯軍攻陷了北京，慈禧太后像喪家犬一樣四處逃竄，最後在西安落腳，派《馬關條約》的簽訂人李鴻章前去求和。

八國聯軍侵入北京，無情屠殺，大肆掠奪，清政府除了簽訂不平等條約，再無其他辦法。慈禧只想保住自己的地位，根本不管天下百姓的死活。

辛亥革命

一片亂局之中，有志之士開始尋求救國之道，其中對後世影響最大的便是以孫中山為首的辛亥革命。

孫中山原名孫文，後來在日本流亡的時候化名中山樵。幼年時期孫中山家裏很窮，生活比較窘迫。他對於傳統的誦經式讀書根本就不感興趣，並且對當時纏足、賭博等社會惡習都極其憎惡，對官差魚肉百姓感到非常憤慨。那時候的孫中山非常喜歡聽一個叫馮爽觀的太平天國老戰士講述太平天國反清起義的故事。在後來求學的那段時間裏，孫中山非常崇拜洪秀全，並稱其為反清英雄第一人。他的朋友也戲稱孫中山為「洪秀全第二」，孫中山欣然接受。

早年的孫中山滿懷一腔熱血，卻報國無門。他先是想與康有為結交，但是康有為根本就不理睬他。隨後，他又上書給李鴻章，希望能夠得到李鴻章的支持，施行政治改革，但是結果又是石沉大海。甲午戰爭爆發之後，孫中山知道中國迫切需要改革，否則將可能有亡國滅種的危險。於是，孫中山毅然選擇了反清的革命道路。

此後，他奔赴美國檀香山，在當地華僑之中宣傳反清的革命主張，並且創立了中國第一個資產階級的革命團體 —— 興中會。隨後，孫中山回到香港，建立了興中會本部，並第一次提出了「驅除韃虜，恢復中國，創立合眾政府」的革命思想。他在廣州發動了武裝起義，但是由於被清政府提前偵破而失敗，從香

港運來的槍支被清政府查獲，陸皓東等人也被捕遇害，廣州起義宣佈失敗，孫中山只能流亡日本。

流亡的孫中山並沒有放棄自己心中的夢想，這段時間，他結交了很多志同道合的愛國志士，並與保皇派展開了論戰。公元 1905 年，孫中山在日本建立「中國同盟會」，並正式提出了「驅除韃虜，恢復中華，創立民國，平均地權」的革命主張。

在同盟會成立儀式上，還發生了一個小插曲。宣誓完畢之後，孫中山笑着說：「從今天起，我們就不是清朝的人！」怎料剛說完，房後的木板忽然倒塌，發出的響聲震耳欲聾。孫中山便詼諧地說道：「此乃清朝顛覆的徵兆！」眾人熱烈鼓掌。

中國同盟會成立之後，先後發動了一系列武裝起義，但是都以失敗告終。雖然如此，這些起義還是為辛亥革命的爆發做了充分的準備。

公元 1911 年 10 月 10 日，武昌起義爆發。當時的孫中山還在美國籌集革命經費，得知了起義的消息之後，迅速動身回國，並於第二年 1 月 1 日在南京宣誓就任中華民國臨時大總統，頒佈了具有資產階級共和國憲法性質的《中華民國臨時約法》。

辛亥革命結束了中國兩千多年的封建君主專制，使得民主共和的觀念深入人心，也為中國日後

武昌起義

的革命積累了一定經驗。從此，中國走向更加光明，充滿希望的
未來。

讓你愛不釋手的
極簡中國史

磨劍 著

出版

中華書局（香港）有限公司
香港北角英皇道四九九號北角工業大廈一樓 B
電話：（852）2137 2338
傳真：（852）2713 8202
電子郵件：info@chunghwabook.com.hk
網址：http://www.chunghwabook.com.hk

發行

香港聯合書刊物流有限公司
香港新界大埔汀麗路三十六號
中華商務印刷大廈三字樓
電話：（852）2150 2100
傳真：（852）2407 3062
電子郵件：info@suplogistics.com.hk

印刷

美雅印刷製本有限公司
香港觀塘榮業街 6 號 海濱工業大廈 4 樓 A 室

版次

2018 年 7 月初版
2019 年 6 月第 2 次印刷
©2018 2019 中華書局（香港）有限公司

規格

32 開（210mm×148mm）

ISBN

978-988-8513-20-8

本書繁體字版由中國法制出版社授權出版。

責任編輯 蕭 健
裝幀設計 霍明志
排　　版 沈崇熙
印　　務 林佳年